10年間絶対にリバウンドしない

ビジネスマネジメントダイエット

藤原

第3章　アクション・マネジメント（行動）………77

はじめに

はじめまして。簡単に自己紹介をさせていただきますと、私は23年間、経営者、営業幹部、若手社員の方々に営業力、人間力を磨きながら業績向上を実現する実践の仕組み作りの研修を行ってきました。簡単にいえば売上を上げるために心のあり方（ＢＥ）を変え、行動に結びつくやり方（ＤＯ）を整えて実践を通して結果を作るという研修です。会社全体では全国50か所で研修を行い、延べ４８００名が受講された実績があります。

そんな私がダイエットに関する本を書くことになったきっかけをお話します。

基本的に食べることが好きに加えて経営者との付き合いも多いとなると当然お酒を飲む機会も多くなります。私自身もお酒は嫌いではないですし、そもそも健啖家なのでどうしても油断していると体重が増えがちになります。これではいかん、ということで体重を落とす、また増える、また体重落とす、また増える、ということで「太る」と「痩せる」を繰り返してきました。一般的な言葉で言うダイエットとリバウンドです。私はストイックな一面も持ち合わせていますので、ダイエットをやろうと決意すると比較的短期間で成果を出してきました。しかし、後が続かない。このままではまずいと思っていたときにあることに気づきました。

世の中にはたくさんのダイエット法があり、ダイエットに関する書籍もたくさん出され続けています。成果が出るなら徐々に市場は小さくなってもいいのではないかと。しかし、現実はリバウンドに苦しむ人が多くいます。これはダイエットそのものが難しいのではなく、リバウンドを防止することが難しいということです。**リバウンドの本質を見直さないと同じことを繰り返す**ことになるのではないかということです。

「心身」というように人間には心と体があり、これらは切り離すことが出来ません。**体重が増える、太っているということは体重が増えるような習慣がある**からです。習慣はどこからくるのか？　それは心のあり方からきています。ならば**心の贅肉も落として、体重を減らす仕組みとともにリバウンドしない習慣を持った**

心にしなければなりません。そのためには『マネジメント』という言葉がキーワードとなります。ダイエットでフォーカスすべきことは、体はもちろんですが、むしろ心についた贅肉も落とさなければならない、それが出来ていないからリバウンドする、ということに気がつきました。

そして、普段業務としている経営セミナー、営業研修などでお伝えしている営業で成果を出すための発想や仕組み、マネジメントのコツは心の在り方と密接に結びついているのでこれを応用すれば大人が一人で取り組むことのできる本当に必要なダイエットになるのではないか？と仮説を立てました。

そして私はある年の自分の誕生日を境に人生最後のダイエットを決意し、半年間で10キロ落としてその体重を常にキープすると決めました。そして、そのとおり達成しました。正確には13キロ減となりマイナスの貯金ができました。数年立った今でもキープし続けています。これはいける！　ということで友人知人に伝えていきました。学生時代の友人はこの方法で半年間で8キロのダイエットに成功しました。またスポーツの同好会の仲間で痩せたいタイミングで出会った20歳代の女性は3ヶ月で3・5キロ落としました。仕事仲間はお酒を我慢しないで痩せることに意義を見出し、83キロあった体重をゆっくりと体重を落とし続けています。もちろん皆、リバウンドとは無縁の生活をしています。

このボディマネジメントはいわゆる医学知識を基にしていません。特別なコストも技術も必要とはしません。その気になれば誰でもいつでも取り組めるものです。そしてこの本のとおりに行えばリバウンドはしません。この本のやり方に向かない方は医者のアドバイスを必要とされる方です。そしてストイックなやり方やお金をつぎ込まないとダイエットした気分にならない方です。普通に生活をされていて、体重が気になっているけどお酒もやめたくない、接待も避けられない、という方やビジネスマン・幹部の方にこそ読んでいただきたいと考えています。

言うまでもなく、痩せるとすばらしいことがたくさんあります。朝スッキリと起きられる、体が軽くなりフットワークがよくなる、午後に眠くなり仕事に集中できないということが減る、身も心も軽くなることで自信がつく、痩せたね！といわれるのが嬉しくて人前に出るのが楽しくなる、イキイキしてくるので自分に対する周囲の見方が変わる、頭が冴えて建設的なアイデアが出る等。つまり前向きになり、仕事の成績・評価に大きく影響してくるのです。

そういう意味でこの書籍は単に体重を減らす、その減らした体重をキープするという心身のノウハウの話にとどまりません。ビジネスを進めやすくする考え方や本質にも触れています。**気がつけば体重が落ちるだけでなく、仕事の成果が出しやすくなった、様々なラッキーを引き寄せる体質になっていた、ということに気がつくことでしょう。**

このダイエットに私はビジネスマネジメント・ダイエットと名付けました。普段行っている研修の特徴や考え方、気づきなどを所々に散りばめています。

ここからの合言葉は「ムラなく・ムリなく・ムズかしくなく」の３Ｍです。頭の中にダイエットという名のファイルを保存しておいて、毎日少しだけそのファイルをクリックするような感覚で取り組んでもらえれば半年後には見違えるような自分に出会えることでしょう。

身も心も余計なものをそぎ落として仕事の考え方や行動にもつながる着想を磨きながら自信に満ち溢れた日々を楽しんでいただければ幸いです。

著者　藤原格

第1章

インサイド・マネジメント（頭と心）

楽しむマネジメント

マネジメントとは何でしょうか？

一般的には『管理』と訳されますが、簡単にいえばビジネスにおける資源や資産、リスクなどを管理して経営効率を最大化・最適化しようとする手法のことをいいます。計画を立てて色々な角度から分析をし、改善を繰り返し、指揮やコミュニケーションをしながら結果を出していくことに他なりません。

ビジネスマネジメント・ダイエットはこうした考え方を取り入れて、より簡単に、より長く効果が続くように、見方を変えたり工夫を加えながら、**習慣を作り、行動に落とし込んで結果を出していく思考の技術です**。本来ダイエットに必要な医学知識や専門家の指導、運動やコスト、極端な食事内容の変更などに頼らずに自分をマネジメントすることで結果を出すことが最大の特徴です。

そのためビジネスの発想や法則、経験、企業研修などで感じたり体験したものを時々、紹介していきます。しっかり読みこなして実践していただければマネジメント的なものの見方や習慣が身につきます。ダイエットだけでなく、自身のビジネスにおいても、そして一度しかない人生のマネジメントにおいても色々応用が効くはずです。体重を落としているうちに仕事の成果が上がってきた、ということが十分考えられるのです。よいものを引き寄せやすくなったり、運気が上がってきた、ということも経験することと思います。それはスピリチュアルなものではなく、自分自身が生産性の高い体質になるからです。魅力的、行動的になるからでもあります。

成果の出しやすい効率的な心身になることは難しいことではありません。大切なのは**『楽しむこと』**です。苦しいことは長続きしません。いかに楽しむか、をテーマに取り組んでいただければ豊かなプロセスと結果が得られることでしょう。

ダイエットの難しい時代

今の時代のように様々な技術が発達して便利な暮らしが出来るのは「面倒を減らしたい」、「快適に暮らしたい」、「時間短縮をしたい」等、様々な人間の夢・願望が形になった結果です。そしてその夢・願望の探求は果てしなく続きます。

１９６０年代の日本は生活を快適にするモノが不足していました。高度経済成長期と重なりますが、生活を豊かにする、洗濯機や冷蔵庫をはじめとする電化製品の普及が目覚ましい時代でした。企業で言えば時代の象徴は松下電器産業あたりです。ちなみに松下幸之助氏の水道哲学とは、水道水のようにいいものを安くたくさんつくり提供する、といったところからきています。生活レベルが向上、便利になり楽になり始めました。

70年代になるとある程度、便利なものが行き届き、商品やサービスの質が問われるようになります。時代の象徴は販売のトヨタです。

80年代はリクルートに象徴される情報の時代となります。必要な情報が集約されて便利になりました。無駄に動き回ることなく必要な情報がとれる時代が始まります。90年代からＩＴの時代が始まり、マイクロソフト、アップルなどが時代の象徴となっていきます。２０００年になると更に進化を遂げて昨今ではＡＩ、ＩＯＴという言葉が紙面を賑わす日々となりました。一言でいえば人は便利で快適で楽な生活がしたいのです。自分の体を使って動き回らなくても必要な情報や商品が手に入る時代です。そうでなくても若い人たちを中心に車に乗ることも、海外に行く関心も減っているといわれているのに今後ＶＲ技術がさらに浸透していけば旅行だって行った気分で終わってしまう＝さらに体を使わない時代が来るのかもしれません。

そんな時代背景はともかく、楽をしたい気持ちと便利・快適を求める体質が生活の中にすっかり溶け込んでしまった結果として体を動かすことも減り、気がつくと想定外の体重へと向かう傾向が生まれるのではないでしょうか。**楽を求めたり、便利やスピードを追求した結果が、ある意味ではダイエットを難しくさせているのです。**こうした最新技術や文化文明を否定する気持ちは全くありませんが、快適になればなるほど、体を使う機会、体を使おうとする意識が減少する可能性は否定できません。そこにはダイエットが必要となる機会が山積しているということです。

偶然と必然

「起こることは偶然ではない」という言葉があります。

結果には必ずそうなるような原因が存在します。

例えば飛行機事故の度に「ハインリッヒの法則」という言葉が出てきます。1件の重大事故発生の陰には29件の小規模な事故があり、その背景には300件のヒヤッとするような経験や異常が起きている、という労働災害における経験則です。1：29：300の法則ともいわれます。この法則から、労働現場で日々起きている「ヒヤリ」「ハッ」と危険を感じた事象をすべて抽出し、その原因を撲滅することが重大事故を未然に防ぐことにつながると考えられています。飛行機を例に取りましたが、このようにあらゆることの結果にはそれを引き起こす原因が存在するということです。

増えてしまった体重をこの法則になぞらえるとどうなるでしょう。

増えた体重の背景には「やめときゃよかった」「またやってしまった」という後悔の出来事（飲み会後の夜中のラーメン、これは絶対にまずいでしょ…と自分でも後悔するような暴食）が繰り返されており、その日常には数え切れないほどの、**体とのコミュニケーションエラー**（カロリーオーバー、おかわり・大盛り・夜中のコンビニでのスイーツ購入など）があるということです。

お酒を飲んだら満腹中枢が麻痺してお腹の満たされ具合がよくわからなくなります。「もうちょっと食べたい」、「まだ食べられるな」、「これはまだ腹七分」と自分に都合よく思ってしまうのですが、こうしたことが小規模の事故のひとつでもあり、その事故を誘発するのが日常的に起こる、やらないほうがいいんだけどな……と自分の心の声が聞こえるような行動＝体とのコミュニケーションエラーとなります。

ラーメン屋さんに入って出来上がるのを待っている間に周囲を見渡すと、ふくよかな体型をしたお客さんがけっこういることに気づきます。その体型は当然のことながら、一杯のラーメンのみで出来上がったものではありません。長い食習慣の中で積み上げられた体重、体型と考えるほうが自然です。べつにラーメンがいけないわけではありませんし、１００％のお客さんにあてはまるわけでもありません。しかし、それでも塩分、カロリーが高そうな食事を好む傾向がある人が集まりがちであり、そして好んで食べていると体重も増えがちだということはいえます。背脂てんこ盛りのこてこてのラーメンがウリのお店で、若くスタイル抜群の女性客ばかりに囲まれていた、ということはまずありません。自分が嗜好する食事傾向と、そのような食事を提供する店に集うお客様の体型を観察してみるとよいでしょう。大きな気づきがあるはずです。

目標設定のポイント

ビジネスでは言うまでもなく**計画を立てることから始まります**。なんのためにそれを行うのか、いつまでに何を達成するのか、という目的や目標を明確にすることがスタートです。

はじめに夢ありき

ワクワクするような夢があって周囲に熱く何度も語っているうちに発想が具体的になってイメージがより鮮明になり、できる！という確信に育っていき、そのうち応援する人が現れて結果を手繰り寄せていく、というサイクルがあります。

様々な業種・規模から成る経営者の会合で約１００名が集まり、そこで『成功しているリーダーの特徴』について探求する機会がありました。

１００名近い経営者が真剣に考えて抽出した結果なので、それなりの精度のものと考えてよいでしょう。その結果は次のとおりです。

ビジョン・目標が明確である（1位)、
行動力がある（2位)、
夢を語っている（3位)、
決断力がある（4位)、

確固たる信念がある（5位）、と続きます。

普段聞きなれた言葉ばかりですね。

一見アタリマエのように聞こえるこれらのことがきちんとできていれば成功しやすくなるということです。これらの文言は成功へ導く羅針盤であり、目的地への航路そのものです。いくら豪華な客船でも羅針盤がなければどこへ向かえばよいかわかりませんし、無駄な航海をすることになります。高性能のスポーツカーでも道路がなければ走れないのです。

ビジネスもダイエットもワクワクするような夢を語り続けて、そこに数字や具体策を入れて目標・計画にすることです。夢を語っているうちに自分をよい方向へ洗脳することができます。それが信念に育っていって行動を軽やかにしていくのです。その行動が加速していくうちに余分なものを省いたり、必要なものを取り入れていく選択＝決断へとつながり、さらに高速で走り続けることができるのです。

この計画＝『見える化』は**ワクワクするような感情が伴う夢**がスタートであり、ゴールを目指す原動力として自分を支えてくれます。計画は成功へ誘う羅針盤としてすべての人に寄り添ってくれます。日々なすべきことが定まっていれば迷いを断ち切ることが出来ます。人には感情があり、行動は時に感情に左右されます。感情に左右されだすと行動にも想いにもブレが生じます。

今日やるべきことをやったりやらなかったりすれば、当然のことながら効率が落ちます。そして最終的に「ほら、やっぱり出来なかった」というネガティブな確認作業を行い、**いつもの出来ない自分**

に安心してしまうのです。

ダイエットも同じです。

なんのためにダイエットを行うのか、その理由を明確にしてください。単に痩せたい、体重を落としたい、という理由だけでもよいのですが、体重を落として理想の体重を手に入れた結果、どんなワクワクが得られるのか？　どのようなハッピーライフになるのか、どんな自分がそこにいるのか、思い切りイメージしましょう。まず考えることです。そのイメージが強ければ強いほど結果を手繰り寄せやすくなります。ダイエットも思考を明確にする前に行動を起こすと道に迷い、挫折しやすくなりがちです。

私はいつまでに何キロの体重を落とす
それはなぜ？
それができるとどんなすばらしいことが手に入る？
できなかった場合はどのようなリスクが生じる？
開始　○月△日

終了　■月◇日
現体重　○○キロ↓減体重　○キロ

ダイエットを始めるとどうしても早く結果を出したくなります。苦しい状況から早く脱出して楽になりたいのです。この考え方にひとつの落とし穴があります。**人間は基本的に楽をしたい、楽を求める生物**です。その楽をしたい人間が「苦しい状況」のスタートラインに立つと、早く出口（ゴール）に到着することを目指す、ということです。**苦しさを越えた向こう側に楽を設定している以上、ダイエット終了後にリバウンドする可能性が高くなります**。これを克服するにはあまり苦しさを感じない「ゆるめの目標設定」がカギとなります。

ダイエットは自分や環境とじゃれあうゲーム！という感覚を持つことが大事です。この期間だけ頑張ることができればあとはＯＫというのは元々マネジメント能力の高いボクサーの減量の話です。

目標の期間と数字を設定をしたら、それを紙に書きます。大きな紙に書いて目立つところに貼ってください。よく目に付く家の中に一箇所、会社でもできれば視界に入りやすいところに一箇所は貼りましょう。スマホにも表示させておくと良いでしょう。

ダイエットの開始当初はとにかくこの目標数字をよく忘れます。自分で設定した目標であっても忙しさにまぎれると忘れます。苦しさを避けたい防衛本能なのかもしれません。潜在意識に到達していないからかもしれません。仕事のストレスなどで心がいっぱいいっぱいの状態になると完全に忘れます。

するとどうなるか?

ストレス解消のために**太り飯**(一般的にカロリーが高く肥満体質の方が好んで食べそうな食事全般のことを言います。ラーメン、油もの、スナック菓子など)に手が出てしまうのです。そして食べ終わった頃、思い出すのです。「そうだった……今、ダイエット中だったんだ……」と。本能的に楽を求める人間ならではの便利な思考のシステムともいえます。

食事する時はとにかく体重を意識することです。そのためにはまずは目から情報を入れ続けて潜在意識に到達するくらい目標体重そのものを頭に植えつけることが大切です。

この本を読んでいるあなたが営業に携わる方であれば、さまざまな形で今年の、半期の、今月の目標数字を叩き込まれていることでしょう。目標数字の意識が曖昧な営業マンはまずその数字を達成できません。仕事のできる営業パーソンであればあるほど数字の意識を鮮明に持っています。

達成に向けて体と心が動き出す原動力ともいえる数字…ダイエットにおいても重要であることをご理解いただけると思います。大金を払っての他力本願のダイエットを好まないのであれば、ここはしっかり心に刻んで体の中に落としこんでください。

リバウンドを避けるために

ダイエットには「辛い挑戦だから早く結果を出したい」、「苦しい我慢の世界をなるべく短期間で終了させたい」という気持ちが付きまといます。しかし、そんな気持ちでダイエットを始めれば心が急いてしまいます。我慢して頑張ってしまって、ますます気持ちは苦しくなっていくことになります。ストイックな方向へ向かえば向かうほど、終わったときの達成感も満足感も大きくなりますが、心はホッとして緩んでしまいます。

「やった！」「これでＯＫ」「短期間でよくぞここまで頑張った。自分、偉い！」そして、**こんなに頑張れた自分はリバウンドとは無縁！**　と考えがちです。しかし、リバウンドするのは目に見えています。

それは……**心が太ったままだからです**。

ホッとすればするほど、頑張った自分を承認すればするほど、楽をしたい本能を持つ人間は知らず知らずのうちに食べる量が増えていたり、心が求める太り飯に手が出ています。

この太った心をマネジメントしないことには一時的に体だけ痩せてもリバウンドを繰り返すことになるのです。だからこそ「マネジメント意識」が大切です。ゲーム感覚を持って、少しだけ長く、少しだけゆる目にダイエットに向き合うことが大切で、ガツガツしないことがポイントです。このガツガツとした心が今の体重も、またリバウンドという結果も作ることを忘れないでおくべきでしょう。

ストイックなダイエットは長く続かない

これが私の提唱するビジネスマネジメント・ダイエットの基本です。自分に対してある程度やさしさを持って接し、逃げ道を用意してあげることがポイントです。これこそ楽しく行う大人のゲーム的なダイエットなのです。厳しすぎること、難しすぎることは禁物です。

ムラなく、ムリなく、ムズカシクなく、がいいのです。

ダイエットもリバウンドも簡単な足し算、引き算のシンプルな世界です。「コスト×ストイックなトレーニングや制限＝ダイエット」といった心理・経済的な負荷の多い方法は成果がでても、ダイエット終了後、体重の逆襲にあいやすくなります。そこでまず戦略的に活用したいのが体重計です。

見える化（体重計活用①）

最近は体重だけでなく体脂肪率とか様々なデータが計測できるものがありますが、体重のデジタル表示ができるものならばＯＫです。

体重を落とすという行動を始めると、日々の微妙な体重の増減に一喜一憂することになります。正確に測れることはビジネスマネジメント・ダイエットの命綱となります。

仕事においては誰でも数値管理を行っているはずです。今期の目標数字を達成するためには今月どのくらい受注を獲得しなければならないか、そのためには、今週どんな動きをしなければならないか、そして今日の行動は、ということが大切になってきますね。

例えて言うなら、今日10件ぐらい訪問するかも…とか、誰にコンタクトしたのか記録もしていない、といったことでは予定通りに目標の達成をすることはありえません、アタリマエのことです。

ダイエットを始めると体重が昨日と比べて１００グラム落ちただけでも嬉しいし、１００グラム増えたら注意をしなければなりません。正確に知るということはそういうことです。「自分の体」という船の船長として、微妙な舵取りをしながら目標、目的地に向かって進んでいくのです。その航海を、できれば苦しみを感じることなく楽しみながらやっていくためには１００グラムに対する執着を持ってほしいのです。

たかが１００グラム、されど１００グラム

ちりも積もれば山となります。日々の達成感を味わいながら、着実に歩みを進めていく原動力はデジタル表記の体重計から始まります。

見える化とは…目で見て、把握して、頭に焼き付けることです。

定点観測（体重計活用②）

マーケティングの世界では「定点観測」という言葉がよく使われます。もともと定点観測とは、海洋上の定点で行われた気象観測の業務から来ています。定点である同じ場所から画像や天候、交通量、その他の情報を時系列的に観測します。比較して分析するためにも用いられます。多くの業界で定点観測という概念が表現を変えて使用されています。時間帯によってどんな客層、どの位の人数が通行しているかを調べて出店や商品構成の参考にする手法等が有名です。

ダイエットにもこの定点観測が威力を発揮します。毎日、小さな努力を重ねて100グラム単位の数字を積み上げていく（＝削っていく）わけですが、頑張った結果をいつ測るかが重要となります。なるべく同じ条件、状態で体重を計測し続けていくことによって様々な情報が手に入ります。

そのためにはやはり朝一番です。起きてすぐトイレに行き（少しでも体を軽くして）、朝食を食べる前に体重を測る習慣をつけることをお勧めします。朝一番にトイレに行くだけで体重は100グラム程度は変動します。それだけでもマイナスになれば気分が違います。昨日の努力がさらに実ったような気がして気分のよい一日の始まりにつながります。それは仕事にも良い影響があることはもちろんですし、なによりダイエットに対するテンションが少しだけ上がります。この『少しだけ』というのが大事です。

人はストレスが溜まると、自分を甘やかしたくなります。何かで発散したくなることは誰でも経験していることでしょう。また、溜まったストレスはダイエット意識を忘れさせてつい食べすぎてしまう、という行動を誘発する可能性があります。しっかり食べてしまった後で現在ダイエット中であったことを思い出して後悔する、ということもありがちです。

こうしたことを防ぎ、早めに思考習慣の中にダイエット意識をしっかりと沈殿させるためにも、朝一番の体重計測の継続が効果的であり、よい気分で一日をスタートさせるためにもオススメということです。

うっかり体重計測をしないで朝食を食べてしまった日はどうするか。こういうときはもうその日は体重を測りません。別に測ってもよいのですが、それで増えた体重を確認して気分が落ちるくらいなら測らないほうがよいということです。

自分の努力にケチをつける行為なので、うっかり計測して凹む位なら、先に食べてしまった日はもう測らないという行動基準を持つことも大切な作戦です。

また、昨日に比べて今朝の体重が200グラム増えていたとします。すると何が原因で増えてしまったか、自分の体のことですからおよその理由は見当がつきます。「○○を食べたからこういう結果になった」、「あの量を食べると太るんだ」、という発見ができます。

体重の定点観測はそうした過ちを減らしていくための羅針盤ともなるのです。この食事はこの程度の量であれば増えない、という皮膚感覚が身についてきます。それがダイエットの意識に拍車をかけます。

体重を測るという行動が習慣化するまでは強く意識することが必要ですが、体重の変化がでてくるようになると楽しくなってきます。そうなったらもう成功したようなものです。朝になるのが待ち遠しい、早く朝になって体重を測りたい、そんな気持ちが大人のダイエットゲームを支えてくれます。

計測した体重はどのような方法でもよいので記録をつけましょう。手帳に数字を記すだけでもよいですが、グラフにしたほうがテンションは上がります。壁に張ると更に頑張ることができます。しょっちゅう目にできるほうがよいのでスマホにも貼り付けておくと更によいでしょう。

ちなみに体重を計測してグラフにする場合、数字は下に向かって伸びていくようにしてください。営業数字のグラフは一般的には天に向かって伸びるようになっています。成長・上昇している実感があるからです。成績を上げるほど下に向かって下がっていくグラフであったとしたら強い違和感を覚えることでしょう。

ところで、あなたは自分の会社の経営理念を何も見ないですぐに言えますか？

朝礼で唱和するだけで「ウチは浸透しているから大丈夫」と安心している社長もたくさんいますが、実際にはあの手この手で何度も何度も言い続けてもなかなか浸透していないのが普通です。色々知恵を絞って様々なところで目につくように工夫し続けなければ理念も文化も浸透していかないのです。

体重のコントロールは自分だけの問題ではありますが、それでも一つの習慣をしっかり浸透させていくには時間と工夫がいるということです。

習慣化（体重計活用③）

成功者といわれるほどの人たちだけでなくビジネスの世界でそれなりに成果を出している人たちは当然のことながら、よい習慣、結果に結びつく習慣を持っています。逆に言えば残念な人には残念な習慣があるということです。よい習慣の象徴的な例はなんといっても朝の活用です。

頭がスッキリと冴えている時間は創造的なアイデアを捻出するのに適しているのは言うまでもありません。また電話が鳴らない時間なので自分の業務に集中しやすいゴールデンタイムでもあります。お酒の付き合いが多い方であれば、飲んだ後はさっさと寝てアルコールが抜けた早朝を活用して読書などをする方も多いと思います。

ダイエットでも朝をうまく活用することでメリハリやテンションを高めるきっかけが作れます。**朝一番は昨日のダイエット努力の成果発表をするイベント**という意識を持つことです。この朝一番の計測タイムを一日の中心軸に添えます。**朝一番の3秒ドラマ**とでも銘打ち、ひとつの「儀式」として体重計測を行うと面白いと思います。昨日は食べる量をコントロールできたなとか、夜、腹八分で押さえようと思ったけど結局お腹いっぱい食べてしまったな、等いろんな思いが湧き出てくる瞬間でもあります。

思い通りの結果になることもならないこともありますが、まずは毎朝こうして体重計測をする習慣を持つ、その習慣を毎日の儀式として生活の中に組み込むことから始まるのです。

残念ですが、ある程度の年齢になってくると、若い時のように簡単に体重は落ちてくれません。

「昨日も頑張ったのになんで増えている

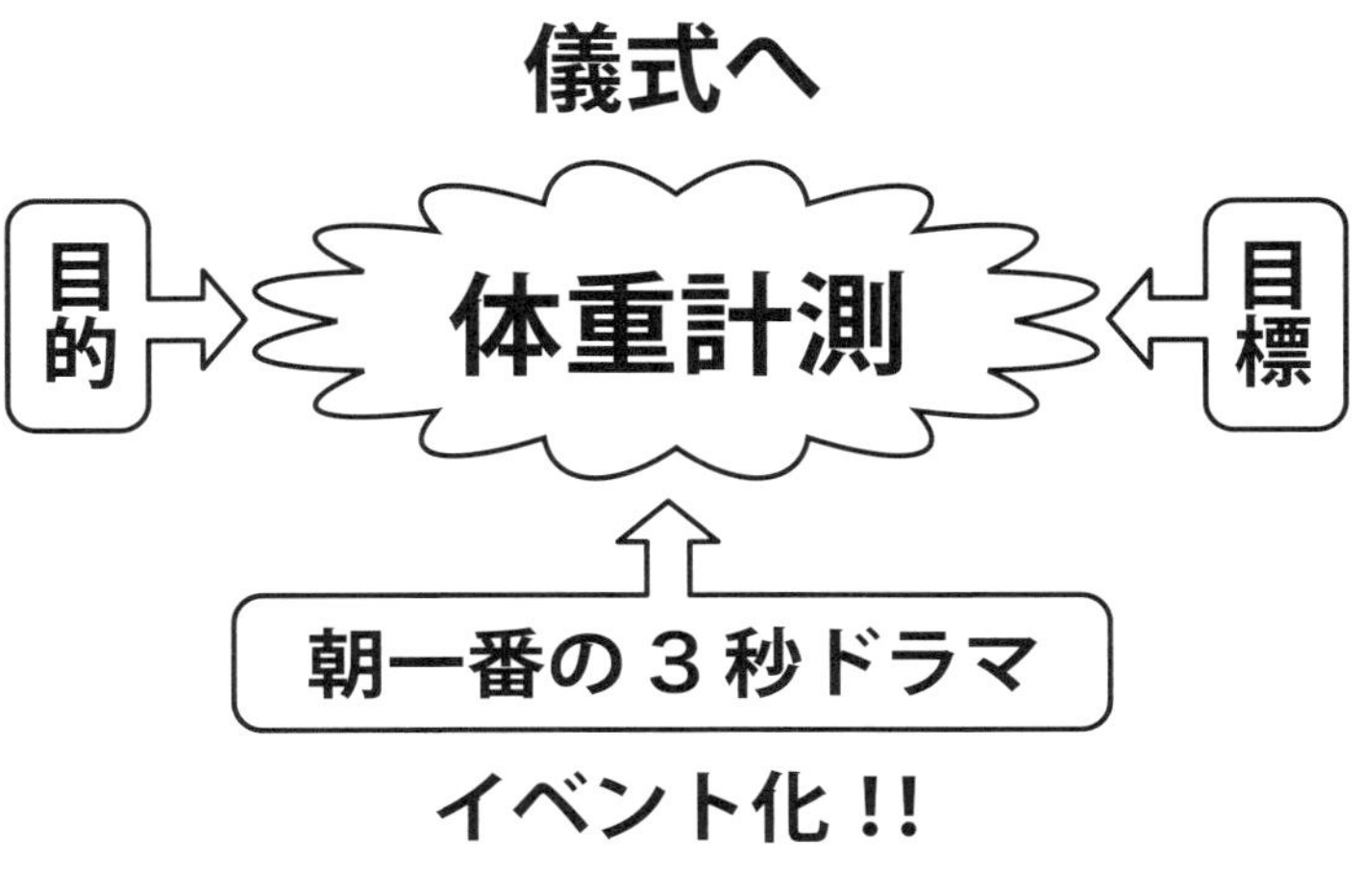

んだ！」と頭にくる時もあります。こうした心理を踏まえて、少しでもダイエット・テンションをあげるためには下に向かって伸びていくグラフを毎日俯瞰することが大切なのです。

またビジネスは利益ばかりではありません。経費がかかります。**体重を落とす場合も、三歩進んで二歩下がる、**ぐらいの気持ちを持つことが長続きの秘訣です。例えば1キロ落として（三歩進む）、二歩も下がったら350グラム程しか進んでいないのか！と思うかもしれませんが、この確実に歩んだ350グラムが重要なのです。650グラムは経費です。

そもそも、ユルユルでなるべく楽をしながらダイエットしようというのです。上手くいかないこと、多少は体重が戻ることも想定内のこととして収めておかないと集中力が保てません。

先にも言いましたように人は楽を求める動物です。大好きなお酒もやめないで、なるべくストレスも溜めないで、ゆるゆると体重を落としていこうとしているのですから、多少体重が戻るという必要経費ぐらいは認めてあげましょう。**都合の**

よいことばかり考えてしまう思考そのものが、人は楽を求める動物ということであり、心が太ったままの状態、ということでもあるのです。

体は自分の体重を覚えています。居心地の良い状態を知っています。膨らんで増えてしまった細胞は縮むことはあっても減ることはない、という話を聞いたことがあるでしょうか。つまり細胞自身も元の居心地の良い大きさを知っているので、その状態に戻ろうとしていると考えてみるとよいでしょう。

日常に例えてみると…、若い社員A君が「スミマセン、体調が悪いんですけど…」と言いながら上司であるB氏のところに相談に行ったとします。すると上司は「君、顔色が悪いな。今日はもう帰って休みなさい。そしてしっかり栄養をとって休むんだぞ」という指示を出したとしましょう。（実際にはこんな優しい上司がいるかどうかわかりませんが）するとA君は「ありがとうございます、そうさせていただきます」と指示に従い、帰宅してしっかり栄養をつけて横になります。

この会話を体の中で行われている細胞と脳の関係だと考えるとどうでしょう。

体を激しく動かして、かなり疲れると無性にガツンとくるものが食べたくなります。この時、自分の体の中では細胞という名の部下と脳という名の上司の間で先のような会話がなされているということです。すごく疲れたのでしっかりものを食べたい、食べよう、食べなければ、という気持ちになった時はこの体の中の会話を思い出してみてください。

こういう体内の会話による緩みは回数が徐々に増えていきます。最も多いと思われるのは「今日はよく動いたから少しぐらいは食べてもいいだろう」という甘えです。そのついでに酒の勢いでダイエットのことをすっかり忘れて食べ過ぎてしまったり、ということに繋がっていきます。こうした甘え、言い訳、体内会話等がリバウンドを引き起こす正体のひとつとなっていくのです。

自分の中にダイエットを邪魔する強敵がいると覚えておいてください。その強敵はあの手この手を使って常に体を居心地の良い元のふっくらした姿に戻そうと企てている一見優しい悪魔なのです。

アファーメーションの利用

アファーメーションを行うことも大切な習慣です。アファーメーションとは肯定的な断言、自分との約束、などと訳されますが、実現したい夢や目標を毎日、朝晩に口に出して自分へ言い聞かせ、潜在意識に働きかけて自分を持ち上げていく行動のことをいいます。手に入れたい将来や目標を身近に感じさせてくれるものであり、引き寄せやすくする効果的な手法として広く用いられています。

例えば、夜10時以降は絶対に宴席に付き合わないと宣言して実行しているビジネスマン、経営者は結構います。どんなに重要な御客様との会食であっても夜10時以降はほとんど生産性のない時間と割り切り、また明日の体のコンデションも考えてそういう習慣を作っているのです。こうした宣言は場合によっては周囲に受け入れられるまでは角が立つこともありますが、あの人はそういう人、ということで広く認知されてしまえば自分の行動管理がしやすくなります。それで御客様の気分を害したり、ビジネスを失うことはないのか？と心配する人もいますが、22時以降という常識的な設定である限り最初からそのスタイルを貫いていれば問題はありません。行動がブレなければよいだけの話です。

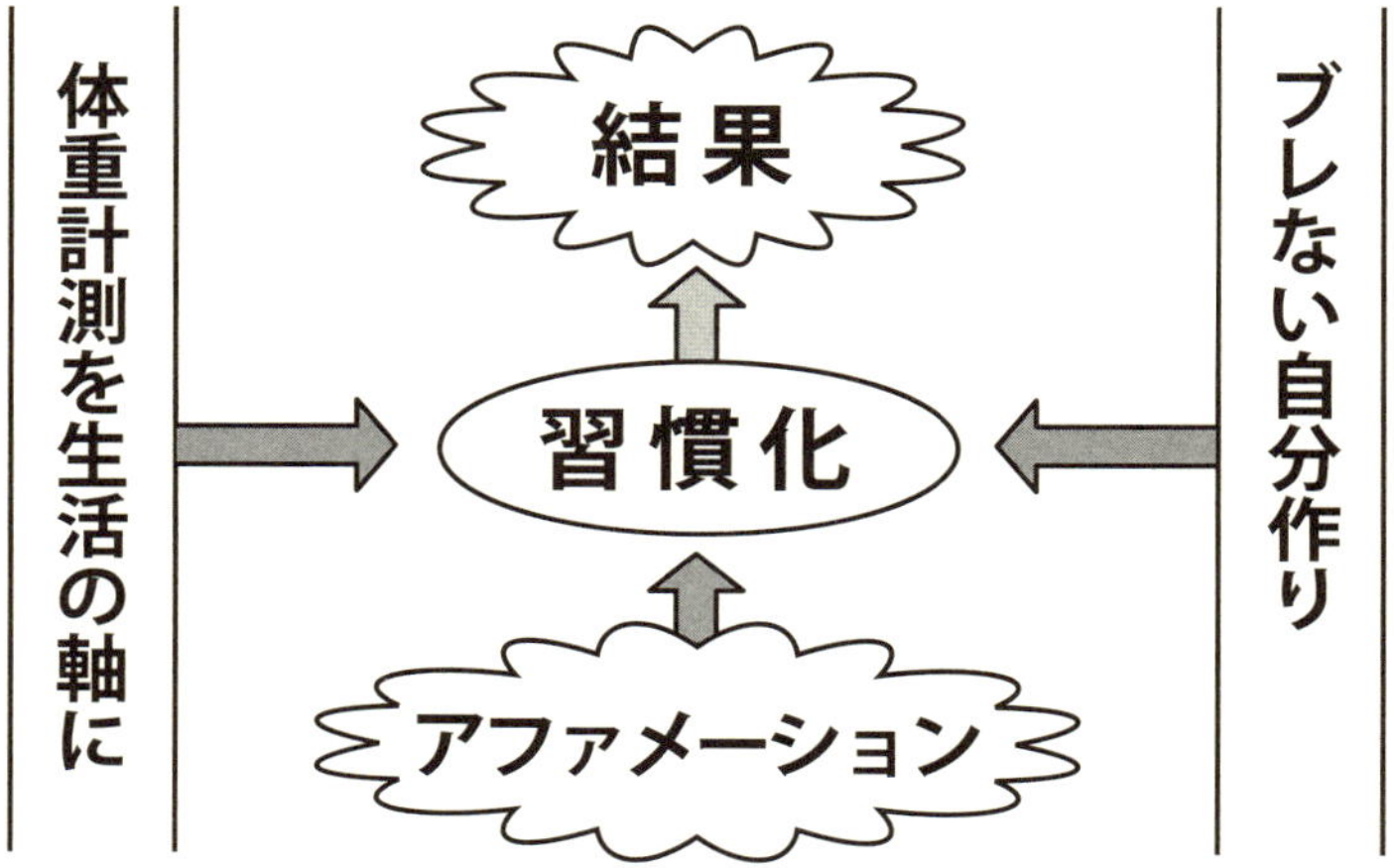

このアファーメーションを活用しない手はありません。ダイエットは本来孤独で地道な自分との戦いです。そして言い訳をしようと思えばいくらでもできてしまいます。ダイエットを中止しても誰も何も文句を言わない大人のイベントです。

何かを習慣にしていくということは自身の生き方にも信念にも繋がります。こうした、よい習慣がよい結果へとつながります。こうした行動をふんだんに活用することがビジネスマネジメント・ダイエットです。まずは体重計測を活用してください。体重計を生活の友にしてください。体重計を中心とした生活をしているような感覚になれれば必ずダイエットは成功します。

第2章

アウトサイド・マネジメント（言葉と人）

この章では自分から発信される、あるいは受信する『言葉』というものについて、そしてその言葉を活用しながら周囲をいかにダイエットに巻き込むかのマネジメントについて考えていきます。外部に対して発する、外部から受ける、手段（言葉）と対象（人）という意味でアウトサイド・マネジメントと称しています。

武器としての言葉

言葉の活用について考えてみましょう。人は大昔から言葉を使って進化してきました。「火を使うと便利だよ」、「冬が来たら狩りが出来なくなるから今のうちに食料を溜めておこうぜ」、「あっちの方向には危険な場所があるので避けたほうがいい」等を始め、様々なコミュニケーションがなされたはずです。こうしたコミュニケーションが人類の発展を促して来たことは間違いないですし、**言葉が具体的な結果を作る**といっても過言ではありません。ビジネスも言葉を有効に紡いでいるからこそ存在しているのです。仕事のできる人は多くの場合、コミュニケーション能力が高いものです。人との円滑な関係性を構築する基である言葉をうまく使って結果を作っています。

その言葉は武器にも凶器にもなります。コミュニケーションが円滑であれば組織は上手く機能して発展していきますし、コミュニケーションが不足すれば様々なミスやロスが生じます。だからこそ各企業は外部研修などを活用して様々な知識を増やし、智恵を磨き、伝達の仕方や表現力を工夫するのです。

言葉の有効活用が企業発展のカギを握るとすれば、言葉そのものをマネジメントする必要があります。武器としての言葉、凶器としての言葉をダイエットに活用しない手はありません。

ダイエットとは孤独なものです。それを行ったところで社会には何も影響しませんし、成功しても他人は自分ほどには喜んでくれません。ダイエットのプロセスで食費が安く押さえられて奥様が喜ぶということはあるかもしれませんが、基本的に社会や周囲に対する影響はほぼ０です。だから失敗しやすいのです。**ダイエットに限らず誰にも迷惑がかからないこと（人を巻き込まないもの）は挫折も**

天使を味方にするには…頑張っている自分をホメる！

しやすいものです。

それを前提にした時、もっとも意識しなければならないことは「自分が自分に対して承認する」ということです。どうせ失敗する、ダメかもしれない、という気持ちを常に持っていたら、やがてそちらの方向へ引っ張られることでしょう。

漫画の中で自分の頭の中に悪魔と天使が出てきて葛藤する様子が描かれることがあります。ダイエットというストレスのかかる作業に挑戦するときは四六時中、この悪魔と天使が自分の頭の中に表われて、甘い誘惑をしたり、正論でそれを制御したり、を繰り返します。

少しでも悪魔のささやき、誘惑を断ち

切るためには、天使の自分を強化することです。そのためには自分で自分を褒めてあげる、承認してあげる、言葉に出して自分の耳に聞かせて潜在意識の中に叩き込んでいくことが重要です。

私（自分の名前）は今日もダイエットを楽しんで頑張っている！
なんて私はすばらしいのだろう。大盛りにしたい誘惑に打ち勝った！
ダイエットが完全に生活の中に浸透しました。もう大丈夫！
十年間絶対リバウンドしないダイエット法を確立したら本を書こう！
（私は実際にそれで本にしています笑）

なんでもよいので、こうした言葉のシャワーを常に自分に浴びせてあげることです。（自分を絶賛する癖をつけておくと体のことだけでなく、心の体質改善＝自分の魅力の向上にもつながるので、是非ダイエットを通してモノにしてほしいと思います）

朝起きた時、夜寝る時は必ず、昼間も言葉に出せなくても心の中で語りかけてあげることでダイエット意識が定着します。体重を意識できている時間が長くなります。常に自分を動機付けしながら**ダイエット意識を忘れない時間を長くすること**が大切です。

聖書の中には「はじめに言葉ありき」「言葉は神であった」「言葉はすべてであった」という有名な一文があります。私は信者ではありませんが、信者ではなくても言葉によってすべてが定義される、言葉にならないものはそもそも存在していない、ということは様々な場面で目の当たりにします。よい言葉を発し続けることで偉大なパワーが宿ることも理解できます。(そもそも肥満という言葉が存在しなければダイエットという言葉も生まれなかったでしょうし、痩せようとも思わないでしょう)研修内でも受講者に「この発想は凄い」「このやり方で集中すればすごい結果につながる」など言い続けることで開花される方は少なくありません。いわゆるピグマリオン効果です。ビジネスでもプライベートでもダイエットでも言葉を有効活用することでよい方向へ誘われることは間違いありません。自分を褒める、承認する言葉、自分を高揚させる効果的な言葉を是非工夫してみてください。

凶器としての言葉

ビジネスマネジメント・ダイエットをより効果的なものにするためにはこの凶器言葉を上手く使います。言葉の持つパワーそのものが理解できれば、ダイエットのみならず、様々なことに活用でき、今後の人生そのものに大きな影響を持つことになるでしょう。

ドリームキラー対策

世の中には他人の夢をつぶす人がゴマンといます。

「お前にできるわけない」「無理に決まっている」「そんなことしてもムダ」「成功する確率が低すぎる」「くだらない」「他にやる事ないのか」等々、その種の人たちは最強、そして最凶の言葉をたくさん持っています。

自分の夢や目標を語ったとき、初対面の人に先のようなコメントをされたら頭に来ますね。気分を害しますが、初対面の他人であれば二度と会わなければよいだけなのでまだマシです。しかし身近な関係の人となるとどうでしょうか。

例えば、新たな資格を得て違う業界にチャレンジしようと努力するとなると、そこまで露骨でないにしても、さきほどの類のコメントをする人が必ずといっていいほど現れるものです。これは天に自分の決意を試されていると考えることができるとよいのですが、自分の近くにいる人＝上司・同僚とか家族などの、いわゆる身内が親身な忠告・アドバイスとして伝えてくれる場合はかなり堪えるものです。「今の生活のどこが不満なんだ？　充分じゃないか」等と真剣な眼差しで言われると「やっぱりそうか…」、「俺には向かないんだよな…」「たしかに言うとおりかも…」となりがちです。

実はこうした近場の人、親切な身内が一番危険なドリームキラーになることが多いのです。「あなたのために……」「あなたのためを思えばこそ……」という必殺キラー言葉が胸に刺さってしまうからです。

同じようにダイエットを行うときにも必ず邪魔する輩が現れます。必ずといってよいでしょう。悪魔のささやきは大きく分けて３つに分かれます。

1　神経逆撫型　例「あれ？　太ったんじゃないの？」
2　足引っ張り型　例「またやってんの？　どうせムダだよ」
3　悪魔の誘惑型　例「あの名店の予約が取れた！　一杯ぐらいいいじゃん！」

こうした言葉は日常的にやってきます。

悪意があろうがなかろうがやってきます。そして目標に向かって頑張っている時、さりげない一言に影響を受けてしまうことはよくあることです。正確に言えば、食べたいものを我慢していることで慢性的にストレスを溜めているわけですから、心に刺さりやすくなっています。

こうした言葉にめげない、打ち勝つためにはあらかじめ準備が必要ということです。

迎え撃つ、サラリとかわす、表現はなんでもよいのですが、言葉に対する構えを準備しておくことで想定内にしておく＝ブレない自分にしておくのです。発想や解釈を変えることで、こうした口撃に過剰に反応しなくなる、傷つかない自分にしておくことができるのです。出る杭を打ちたくて仕方のない人たちは自分に関係のないダイエットの現場にまでやってきておせっかいな干渉をしてくるものだと心得ましょう。

対応する考え方の一例を記します。

その1「あれ？　太ったんじゃないの？」

自分の心の声「必死で痩せる努力をしてるのに……太っただと!?」

ムカッとしかけたら……こう考えましょう

↓解釈1　確実に見た目に変化が出てきているということ

↓解釈2　人は他人をそれほど注意して見ていない。適当なこと言うよなぁ

ポイント：人は自分に注目してほしいし、ある程度は注目されていると思っています。だからこうした無神経な言葉が真実のように思えて心に刺さる場合があります。努力の最中＝苦しい時はなおさら刺さりやすいものです。しかし考えてみれば自分だって人の体重になど、いちいち注目していません。他人から見てビ

ジュアル的な変化が正確に感じられるようになるのは元の体重にもよりますが、少なくとも3キロ以上痩せてからです。それまで（＝ダイエットの軌道に乗るまで）が苦しいと感じる時期なので、その期間、周囲からの言葉を上手く逆手に取る必要があるのです。これは立派なマインドのマネジメントなのです。

その2「またやってんの？　どうせムダだよ」

心の声「頑張っているのに…ムダ？　またリバウンドするのか……？」

がっかりしかけたら……こう考えましょう

↓解釈1　挑戦出来ないヤツが自分の怠惰な世界に誘い込む気だな、
　その手に乗るか！

↓解釈2　人の挫折を喜ぶ（安心する）否定人種か。付き合い方を見直そう

ポイント：世の中には人の努力や工夫を叩き壊して快感を感じる人が少なからずいます。組織にもネガティブな言葉や感情を自然に使う人種がいます。入社後、

数年もすると自分の能力や会社の空気、派閥、上司の姿勢、その他いろんなことが見えてくるこの頃からネガティブ・ワールドが覚醒します。「どうせ何を言っても通らない」「どうせ俺なんて…」という諦め、投げやり、嫉妬等の境地です。セミナーで時々、ヒアリングしますが、一日に100回は否定的な言葉を使うと話す人も少なくありません。セミナーに積極参加するような人ですらそうなのですから、社内引きこもり族は…。この人種は居心地の良いネガティブ仲間を増やしたくて仕方ないのです。その環境で信念を貫くのですから、予めの準備がいかに大切かを理解していただけるでしょう。

その3　「あの有名店の予約が取れた！　一杯ぐらいいいじゃん」

心の声「行きたい！　今日だけならいいかも…、明日から頑張ればいいか」

くじけそうになったらこう考えましょう

↓解釈1　来た、来た！　誘惑。この手の誘惑は十回跳ね返すと3キロ減のボーナスポイントがつくはずだ。

↓解釈２　こいつの本心は努力への嫉妬だ！　自分の都合だけ考えるただのワガママ。

ポイント：誘う人は本質的に寂しがり屋である場合が多いものです。寂しがり屋は仲間が欲しいので、あの手この手で誘惑を仕掛けます。そしてあの手この手を使う人は自己中心型なので「今日位はいいじゃん」＝「俺の誘い位は受けてくれよ」とかなり自分勝手な主張をしてきます。かなり傲慢ともいえますが、この食事会（飲み会）が仕事に直結するような場合は考える点もあるでしょうが、単なる同僚とか友達という場合は冷静に見極める必要がありそうです。

今日の行動予定に本来なかったその誘惑の行動から摂取してしまうカロリーは後で倍の努力をしないと取りにくい贅肉になると考えておくべきです。

しかし、この本のテーマはゆるゆるダイエットなのでこうしたお誘いはストイックに断らず、本当に行きたければ行くというのもひとつの考え方です。苦しさの貯金をするくらいならさっさと楽しんで気持ちと行動を切り替える…条件付となりますが、よしとする考え方もあります。（後半ではこうした夜のお誘いに乗って

しまうことをＯＫにする方法も記します）

代表的なキラー言葉を並べてみました。

こうした言葉は裏側に他人の努力や変化への嫉妬が存在したり、他人の足を引っ張って密かに喜びたい人が面白がって行う場合もあるので、今後の付き合いを見直すきっかけをくれている位に考えればよいでしょう。

先にも述べたように、もっとも難敵なのが身近な人の善意のアドバイスです。自分のためを思って言ってくれている言葉の中にも挫折に向かわせる言葉があります。

例えば、自分の一番の味方であるはずの奥様や彼女からの「なんか…貧相な感じがする。以前のほうが貫禄があったね」とか「魅力的じゃない」とか「しっかり栄養取らないと今はよくても後で堪えるよ」等。

この文章を読んでいる今はおそらく冷静なはずなので大丈夫です。しかし、お腹が空いて仕方ない時にこんなことを言われたら心がグラグラしませんか？　味方でさえダイエットという目的のためには足元をぐらつかせる存在となることがあるのです。こうした事態を様々な形で想定しておくことがマネジメントそのものなのです。先にも言いましたが、誰がどんなことを言いそうか、自分はどんな言葉に弱いか、こうした目的を妨げそうな言葉の矢が飛んで来た時にはどう気持ちを切り替えるか、あらかじめ想定して決めておくことです。**想定内にしておけば人は対応が可能です。それが構えとなるのです**。ダイエットだけでなく様々なことに通じる考え方です。

ロールプレイとはご存知のように対応の訓練です。こういわれたらこう切り返す、という様々な事態に対応するトレーニングです。

備えているから実践で上手く行くのです。善意であろうと悪意であろうと、努力を踏みにじろうとする言葉にその要領であらかじめ構えておくと気持ちに余裕が出来ます。あらゆる事態に想定することそのものが習慣化されれば…ダイエットに限らず人生の質が大きく変わることでしょう。

アウトプットの力

ここでは**自ら発していく言葉**について考えていきます。

企業は毎年事業に関する方針、戦略や目標などの事業計画を発表します。売上や利益の目標を掲げ、それを達成するために何をするのかを社員、銀行や取引先に、あるいは株主に対して説明と宣言を行います。特に株式を上場している企業の場合は計画が狂って業績が下回れば言うまでもなく株価に影響しますし、信頼を失うので必死です。こうした発表はいうなれば会社の決意であり覚悟です。社内外にそうした方針・計画をアウトプットすることで理解者・賛同者を得ながら、後に引けない状況を自ら作りだして鼓舞しているともいえます。

こうした宣言の持つ力をダイエットに活用しない手はありません。よく聞かれるのが「失敗したらかっこ悪いから言わない」「恥ずかしいから言いたくない」というもの。この言葉の中身をよく考えてみましょう。

失敗したらかっこ悪い、恥ずかしいから言いたくない↓最初から挫折することを前提にしてないでしょうか？　失敗することを予定に入れていたら当然、達成は遠のきます。この言葉の裏側には…ダイエットは難しいものであり、かなりの確率で失敗する、リバウンドする、という暗示が入っています。目標達成しなかったらみっともないから数字を発表したくない、などと企業が言い出したらどうなってしまうか…目に見えています。

企業はともかく個人レベルでは人はそれほど他人のことを気にしていません。他人が成功しようが失敗しようが、言ってしまえば関係ないのです。冷やかしで何か言う人はいるかもしれませんが、あなたのダイエットが成功したからといって景気がよくなることもありませんし、失敗したからといって政権がぐらつくこともありません（笑）。あなたの小さな小さなプライドが少し傷つくくらいのものです。

社会に対して何の役にも立たない「ダイエット」という、あなたのこだわりを成功に導くポイントは宣言（アウトプット）し続けて理解者・協力者を周囲に固めておくことです。

その昔、ソフトバンクの孫社長が起業した時、みかん箱の上に立って「豆腐を一丁二丁と数えるように我が社は一兆円企業になる！」と宣言しました。それを聞いた二人のアルバイトは「この人は頭がおかしい」と思って辞めてしまった、というのは有名な話です。

今でこそ、それは孫社長らしい伝説として聞くことができます。しかし当時、まったく無名のただの若者がみかん箱の上に立って宣言したことがすごいことなのです。**根拠があろうがなかろうが、何かの役に立とうとそうでなかろうと、「絶対やるんだ！」と決意したならば外に向かって発信すべきです。**

こうした宣言から始まった伝説は世の中にはたくさんありますが、ダイエットに関しては力んでみかん箱に立たなくても普通に言えばよいのです。「俺さ、ダイエット始めたんだよね。〇か月で〇キロやせようと思って…」と、かまわずにこういう言葉を発し続けているうちに自分の中に覚悟が生まれてきます。自分の言葉を自分の耳を通して脳がしっかり聞いているのです。自分の潜在意識にダイエットという言葉が徐々に刷り込まれて沈殿していきます。

ダイエットを途中で挫折してしまう原因のひとつにはダイエット中であることを意識できない＝肝心な時に忘れてしまっている、ということがあると考えています。

軽〜く宣言！

日々の忙しさのためにその意識を持てないということもありますが、一番の原因は絶対に達成しなければならない信念にまで煮詰めていないから忘れてしまう、ということです。

ビジネスで考えれば新規事業を成功に導くために、どうすれば成功するか、成功のために必要な情報・もの・人その他について寝ても覚めても考え続けることで、そのうちよいアイデアが降りてきたり、成功へ導くきっかけとなるキーマンを引き寄せたりできるのと同じです。まず「ダイエット」をアウトプットし続けて、しっかりと自分の体に言い聞かせていきましょう。

アウトプットの目的のひとつは自分が常に意識し続けるためですが、もうひとつは周囲に認知・理解してもらうこと、そして自分以外の人から刺激を受けることです。宣言をすると簡単には引けなくなります。退路を断つことになります。プレッシャーはもちろんあるでしょうが、**この退路断ちの快感を覚えてしまうと世の中は自分を奮い立たせてくれるために存在している**と思えてきます。こうなればしめたものです。

宣言の確認

多くの会社には来訪者から見えにくい場所にスローガンや目標など、様々な社内向けのメッセージ・情報が掲げられています。目に焼き付けて心を燃やすきっかけとしたり、毎日意識することで考えがブレないようにするためです。

目標を紙に書くと実現する確率があがる、と言われるのは、書くことによって記憶に残りやすくなり、毎日目にすることによって行動しやすくなるからです。知らず知らずのうちに頭の中にインプットされ、目標に向けた行動の源となるためでもあります。とにかく日々の忙しさの中で優先順位の高くないダイエット意識は忘れられがちです。１日の中の最優先課題、最重要行動とはなりえません。気がつくと太り飯を食べていた、付き合いでガンガン飲んでしまい、ついにはシメのラーメンのスープもすすって完食していた、ということになりがちです。そうならないために言葉で周知を促し、外部からの刺激を受けることをお伝えしてきました。次にその発した言葉を客観的に目にすることで更にダイエット意識をパワーアップさせていきます。

目標を目立たせる

まずはいつまでに何キロ痩せる、ということでよいでしょう。ゴールの日付と減らす数字目標。それを目立つところに張ります。第１章で説明した楽しい夢の計画の中から目標数字とゴールだけを抽出していろんな所で見られるようにする、ということです。会社（机の前の壁とか）と家の目立つ場所（トイレなど）に短い言葉でカラフルに書きましょう。おススメは**手書きで短く！**　です。そのほう

スマホの壁紙にも

目につくところに！

が気合、魂が入るからです。何であれ達成したい目標があるときは手書きで色とかデザインを工夫することが気持ち的にも視覚的にもおススメです。

スマホ、ケータイの待ち受け画面にも目標を写真にして取り込んで貼り付けておくことによって更に印象に残りやすくなるでしょう。とにかくダイエット意識を頭に叩き込むことです。なにかあればすぐ浮かんでくるくらい頭の中の優先順位を上げておくことが大切です。ダイエットはそのこと自体は人とのかかわりにおいては何の緊急性も重要性も持たない訳ですから、すぐ思い出せるぐらいまで頭の中の優先順位は上げておくことが大切です。そのような状態にまで高めておくことにより様々な局面で食行動の歯止めがかかります。自分の気持ちをぐらつかせる甘い誘惑がきた時や仕事の関係で勢いのよい体育会系の宴席に参加せざるを得ない時、自分の中の悪魔がささやく時、ブレーキをかけてくれるのは目標やダイエット意識の視覚化です。

周囲の協力を得る

柔よく剛を制す、という言葉は誰でも耳にしたことがあると思います。もともとは中国の兵法書から来ていますが、正確には「**柔能く剛を制す、剛能く柔を断つ**」と続きます。柔らかいものは硬いものを押さえ込むことができる、そして硬いものは柔らかいものを断つことができる…柔も剛も両方バランスよく併せ持つことが大事ということです。日本では柔らかい（小さい人）ものでも相手の力をうまく利用して強いもの（大きい、力のある人）に勝つ、投げ飛ばす的な解釈だけが目立っていますが、やはり大切なのはバランスなのです。

言いたいことは、ダイエットという社会の中で存在感を持たない世界を押し進めていくためには自分で自分のことは何とかするんだ！という剛の気持ちはもちろん大切ですが、それだけでなく周囲の力を上手く活用する柔らかさも同時に必要ということです。

ビジネスで成功しているリーダーはどういう人たちかといえば理解者、協力者、サポーター、ファン、御客様など支援・応援をしてくれる人に恵まれている人たちです。こういう人たちの特徴は常に夢を語っています（イキイキしています）。夢というハンドルを操り、情熱というエンジンを持ち、本気というガソリンを注いで具体的な計画を推進し、行動力という加速で結果（ゴール）を手繰り寄せていきます。応援してくれる人々に「この人のそばにいれば一緒に感動をわかちあうことができるかもしれない」「この人と一緒に夢・喜びを追及したい」という思いを持たせられることが大切で、夢はその磁力となるのです。

さてダイエットの場合は気持ちの共有が難しいのは明白です。誰の得にもならない究極の自己満足の行動だからですね。一言でいえば孤独な世界です。だからこそ、いかに協力者を具体化するかなのです。

家庭のサポート

『○月で○キロ痩せられたら○○する！』　先の章の宣言活用とも被りますが、家庭においてはこれが一番手っ取り早い活用法だと思います。もちろん『○○する』、とは目標達成の記念に奥様に何かをプレゼントするとか、一緒に旅行に行くとか家族が喜びそうなことを具体化することです。誰のためにもならないダイエットにおいてもっとも身近で最も挫折しやすいことも知っている？身内を強力な味方にするのはこの作戦が一番です。目標のハードルが高すぎると自分へのストレスになる可能性もありますが、程よいプレッシャー（ユーストレス）は心地良い刺激を与えてくれるでしょう。

仕事にもダイエットにもストレスというものはつきものです。ストレスはネガティブなイメージのみで捉えている方もいるかもしれないので簡単に説明しておきます。

ユーストレス…苦痛とはならない心地良い刺激。目的が明確な受験勉強とか好きな人のために頑張る努力などはこの部類です。

ディストレス…苦痛となる刺激。説明もなく何のために行うのか目的がわからない肉体労働とか理解不能な難しすぎる講義などはこの中に入ります。同じ作業をしていても捉え方や理解の仕方などにより、どちらのストレスになるかは人によって違います。正しい理解と目的意識が明確であれば苦しいプロセスを乗り越えられるのはすべてに共通することです。

暑い夏、帰宅して風呂上りに冷えたビールを飲もうとした時、「お父さん、お疲れ様。一本だけだけど味わって飲んでね」と言われれば悪い気はしないことでしょう。２本目に突入するブレーキにもなるかもしれません。しかし、「お父さん、また飲むの？　一本だけにしなさいよ」と言われれば気分も悪いし、「言われなくてもわかってる！」と言いたくなるかも知れません。（こういうストレスがかかると本末転倒な隠れ飲みをすることにもつながります）言われている内容は同じですが、言い方ひとつで受け止め方、ストレスのかかり方が違ってきます。

家庭を上手くダイエットの協力者（＝味方）につけるのは普段の接し方も影響しますので簡単とも難しいともいえませんが、この際、報酬を上手く活用しながら家庭の味方化について、探求する機会にしてください。

この書は常にマネジメントという言葉がでてきます。独身者は別にしても生活のすべて＝源は家庭からといえます。その家庭を上手く治めることはダイエットに限らず、人生の大戦略でもあります。この機会に「ファミリーマネジメント」を是非意識してみてください。どのような会話、言葉、行動が家庭の味方化を推進するのかを是非研究してください。

自主性、主体性はあくまで自分であって自分で作ったルールを弱い自分が破ろうとする時にだけ家庭が機能するような仕組みが理想的です。生活の中心となる場所でのことなので研究しがいがあると思います。

同じように会社も社会生活の拠点となる場所です。同僚や部下にダイエットを始めたことを宣言し、伝え続けることで自身のコミットがどれだけ達成できるか常に見られることになります。試されている意識を持っていたほうがよいでしょう。

いつの頃からか、肥満体質では昇進昇格に影響するという話がでてきました。アメリカの真のエグゼクティブはビジネスだけでなく、健康のマネジメントができる、自分のことすらマネジメント出来ない人間にビジネスマネジメントは無理、という風潮がでてきました。

実際、採用時にA氏とB氏の2名のうち、どちらか1名を採用するという場合に実力が同等で迷ったときには体にキレがあるほうを採用すると答える企業は少なからずあります。営業部門であれば見た目に暑苦しいシルエットは避けたいですし、ゆるやかな体型の人がどのようなゆるい生活をした結果そういうシルエットになったのか想像してもわかります。実際には病気とかいろんな理由があったにせよ、怠惰な生活習慣を想像をされてしまうだけでも損に繋がることは間違いありません。

共感の輪を作る

一番気心の知れた仲間にはとにかく話すことです。話して、言葉にして、その話そのものを自分の脳に言い聞かせるのです。また今の時代は便利なことにSNSなどで自分のことを話したり、宣伝したりする機会と手段に恵まれています。自分が最も使い慣れた方法で公表していくのがよいでしょう。ブログでテーマをダイエットに絞り、楽しく読みやすい記事にしながら公表していくことも効果的です。日々の進捗、今日上手く行ったらならその感動を文字にする、上手く行かなかったならその振り返りを表現する等してください。タイトルは「ゆるゆるダイエット道１８０日の挑戦」でも「３歩進んで２歩下がる誰も気づかなかったダイエット極意」でもなんでもよいです。楽しくて気持ちにフィットするタイトルと内容で（毎日でなくてもよいので）、こまめに更新していくと反応そのものより自分の中に覚悟と意識が生まれます。ついでに文章力も上がるかもしれません。アップする時は何かひとつでもよいのでちょっとした情報を提供しようとする姿勢、面白く表現する工夫を重ねているうちに表現力も備わってきます。それはつまり**自身の魅力の更新に繋がるということでもあります**。このことは実は大きな変革なのです。

フェイスブック等は積極的に活用すべき手といえます。

もし賛同者がいればダイエットグループを作って切磋琢磨しあうと、それだけで成功できたようなものです。**あらゆることに通じるのは、準備であり、仕組みであり、継続すること**です。

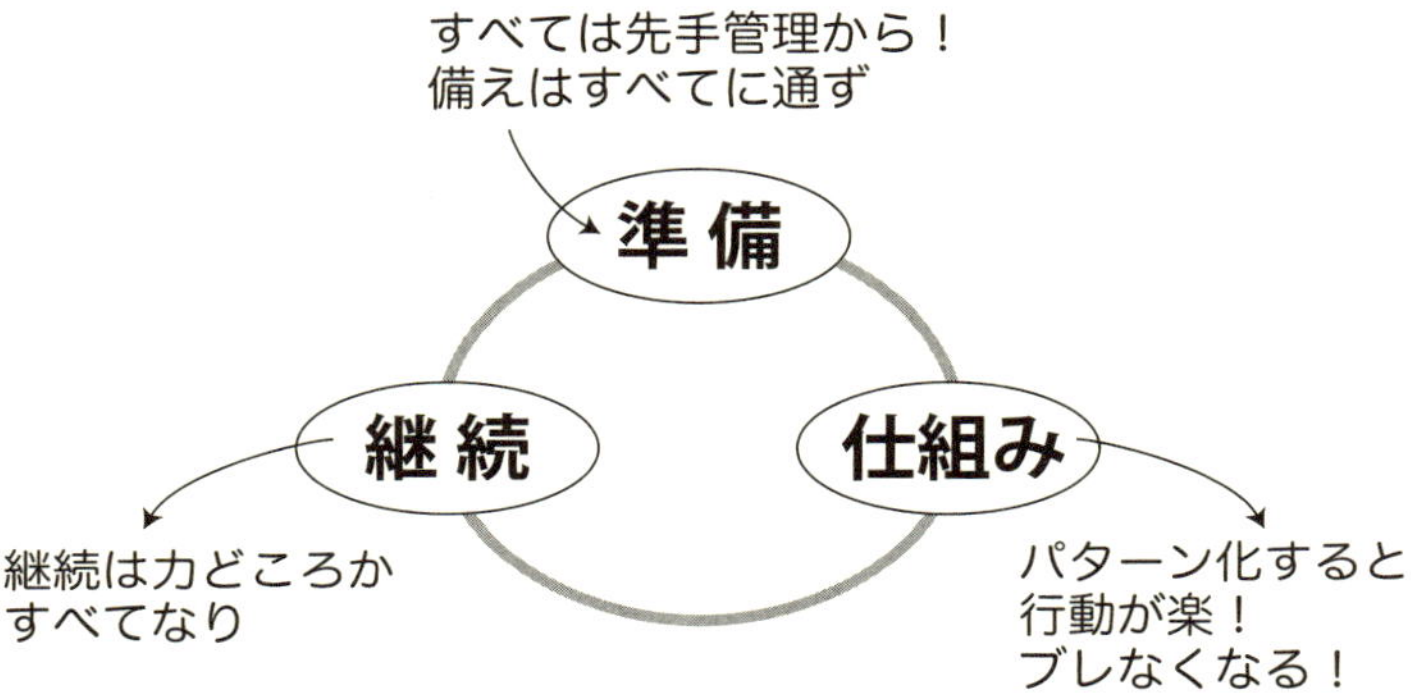

ビジネスもダイエットも…
大切！

「あ、ブログ書かなくちゃ」とか「そろそろＦＢで報告しないと…」という気持ちが芽生えること自体が、常に頭の片隅にダイエット意識を置いておくような動作であることを覚えておいてください。

一方的であれ双方向であれ、情報を発信する継続の仕組みと関係性をもつことにより頭の中に完全にダイエット意識が埋め込まれます。これが自身の新たなブランディングにもなるという気持ちで楽しんでください。

つまりは世の中の役に立たないダイエットという行動の孤独な作業化を避けるということです。**無理やりでも感動・**

喜びを共有できる仕組みを作るということです。

ダイエットは…自分のお祭！です。みこしを担いでくれる人を集めて自分が乗ることです。

第3章

アクション・マネジメント（行動）

ここからは弊社の営業幹部研修に参加中のA部長（43才）との対話を交えて進めていきます。日頃、運動不足と毎晩の接待、食事会などでお疲れ気味、体重も増加傾向にあるそうです。体重83キロ、お酒や食べることが好き、平日も外食が続き、一人で食事する時でも晩酌をします。研修の休憩時間にダイエットの話題となり、相談を受けることになりました。
（会話はA部長のAと藤原のFで表します）

A「体重を落とさないといけないと思いつつ、ジョギングも続かないのが現状です」
F「運動だけで体重を落とすのは難しいことですよ。忙しい人なら3日間、体重が変わらないだけで挫折するのが普通です」
A「食事を変えようと思っても、それを決めた途端に酒席が入ってきますし、酒席でも気がつくと思いっきり食べてしまってます」
F「食事制限は厳しすぎるとストレスが溜りますよね。
このダイエットのスタンスとしては、ほどほどに緩く、人に優しいダイエットですから肩の力を抜いて臨んでください。

ここからは実際の行動・具体策も考えて行きますが、行動を操る源は『自分の意思』そのものです。

つまり、脳や心がその発信基地であり、そこから出てくる指令が体に伝わり、行動へと繋がっていきます。

だから体や行動をコントロールするのなら、その大元である考え方を味方にしなければならないのは説明してきたとおりです。

今までの復習の要素も含めて実際の行動を研究していきましょう」

逆算思考（引き算）

F「ビジネスでは引き算的な発想は日常的に行われていますね。

思い浮かぶことはありますか？」

A「経営者や幹部は予算を考えたり営業戦略を考えたりしますね。

意図する結果をまず設定して、そこから逆に考えていくということですか」

F「大きな決定には必ずつきものですね。目的があって数字の目標が決まり、そこから手段や日々の行動が決定されていく、といった流れです。

また利益がでればその使い方を考えていきますが、税金分を差し引き、その中から返済にいくらまわして、来期の投資にどれだけ使うか等を決めた後で繰り越す金額が決まっていきます」

A「そう考えていくと、ダイエットにおいてもフォーカスするべき『食事』が見えてくるということですね」

朝・昼・晩の食事について考えてみましょう。今までの食習慣が現在の状況（＝なんとかしなければならないと思えるような体重、体型）を作り上げているわけですから、普通に考えれば食事の量や摂取カロリーが多すぎる、ということです。体重超過を意識する人は食べすぎの傾向があり、食事を少々減らすぐらいのほうが健康のためにはよいはず、というのがこのダイエットの前提なので、どのタイミングで食事の量やカロリーを減らせるかを考えていきます。

職場によって勤務時間も生活スタイルも仕事の仕方も違うので、それぞれ置かれている立場で考える必要がありますが、ここでは私のやり方＝おそらくビジネスマンの平均的な生活スタイルで考えることにします。

Ａ「朝は一日の始まり、活動のエネルギーが要るので朝食は家で食べています」

Ｆ「朝の食事は体重への影響は少ない、というのは専門家がよく口にすることです。

『普通の食事』とはご飯と味噌汁などの和食、パンとスクランブルエッグ、サラダ類といった洋食というイメージですよね。

もし菓子パン、スナック、ジャンクフード等を朝から食べているのなら、まず健康面からも食事を見直すべきでしょうね」

Ａ「野菜から食べたほうがよいとか、パンよりご飯とかはありますか？」

Ｆ「ビジネスマネジメント・ダイエット的にはどちらでもかまいません。ほどほどの量であればそれでよい、が基本です」

Ａ「ほどほど、とはどのぐらいですか？」

F「食べてすぐに出勤しても支障がない、お腹が苦しくない程度の量のことです」

A「いくら私でも、朝から苦しくなるほど食べることはありませんね」

F「部長に限らず朝から爆食する人はそもそもこんな本を読まないでしょう。

ここは今までどおりでよいですね」

A「夜の食事が問題なんですよね。

接待する場合もあれば、接待されるケースもあるので」

F「基本的には夜の食事を削れない、減らしにくいから困っているんだ、という方が多いはずです。

夜の付き合いも避けられないし、でも痩せたいということですね」

A「そして、お酒をやめたい……とまでは思いません」

F「ということは、結論はお昼で調整することがカギとなります。

引き算として出てくるのはランチのマネジメントです」

朝は今まで通りに食事する、夜も少し気を使うけどそれなりに食べる、だから昼食の内容をどうするかということですが、ここが知恵の絞りどころとなります。

ランチは気合を入れてマネジメントしましょう。

ところで、昼は行動のエネルギーなので、ここをガッツリ食べないと仕事に多大な影響がある、という業種の方はお昼以外で引き算を考える必要があります。どこでどう引き算をするかは正直に自分自身の体と対話することで答えを出してください。

大切なことは自分と正直に対峙すること、気持ちをごまかさないで真摯に向き合うことです。カロリー減とか糖質をどうするか、という専門的な分野のアプローチ以前に自分でも薄々気づいている本音を優先させることです。これはどう考えても食べすぎ、この食事の内容は肥満に繋がる、ずっと続けていると健康に影響するなど、本能的な判断と正直に向き合うことだけでも健康管理は出来るはずです。

そこに甘えやごまかしが入ると話が前に進まなくなります。本当に痩せたいのであれば、一日の中で少しだけ勇気が発揮できる「チャレンジの食事」を定めて向き合ってください。

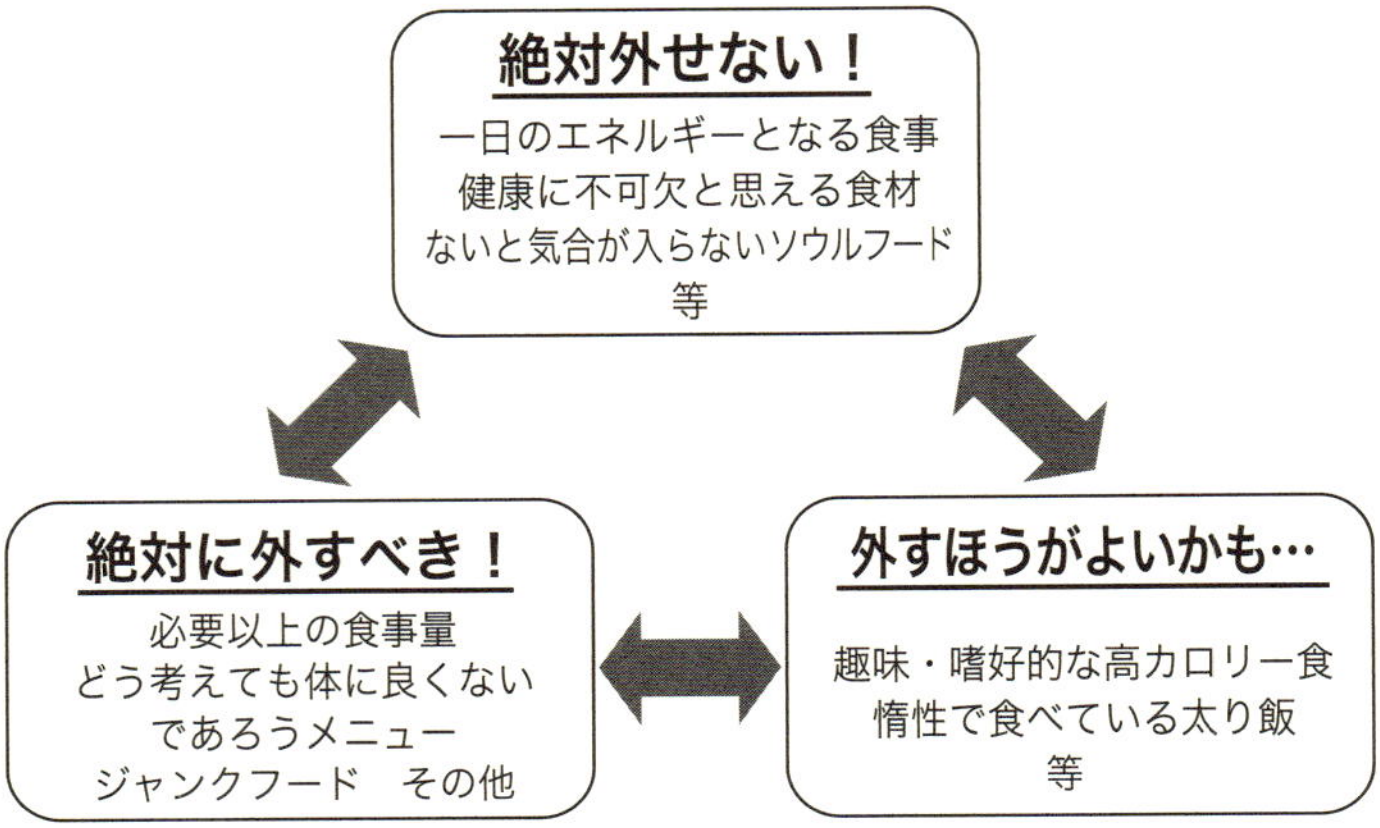
絶対外せない！
一日のエネルギーとなる食事
健康に不可欠と思える食材
ないと気合が入らないソウルフード
等
絶対に外すべき！
必要以上の食事量
どう考えても体に良くない
であろうメニュー
ジャンクフード　その他
外すほうがよいかも…
趣味・嗜好的な高カロリー食
惰性で食べている太り飯
等

正直に自分と向き合って具体的にしておく

「何かを得るためには何かを捨てる必要がある」

A「様々なことに通じる至言ですね」

F「一番捨てやすいものは何か、捨ててはいけないものは何か？を自分とよく向き合って考えてみましょう、ということですね」

A「**捨てられない性格そのものが、今の体型を作っているのかもしれないと？**」

F「いい着眼ですね。本当にお昼に食べている食事の量や内容は削れないものなのだろうか、単に口や脳が卑しくなって欲しがっているだけではないのか？　と自分の日常を観察してみることです」

Ａ「人は自分に対しては都合よく考えるクセがありますからね」

Ｆ「都合よく考える典型的な例が営業マンの失注した時の言い訳です。ライバルが大幅な値引きをしてきた、価格が高すぎる、市場が縮小している、スペックで負けている、手間暇かける時間がない、わが社のサービスは劣っている、等と言い出せばキリがありません」

Ａ「失注の理由を自分以外のせいにして正当化するのは営業の本能ですね」

Ｆ「巧みな言い訳で自分をもだまし、きちんと向き合おうとしない習慣・発想、あるいは『自分は間違っていない！』と勝手に信じ込んでいること自体が諸悪の根源であったりします」

Ａ「自分と向き合う……」

Ｆ「この際、仕事でもダイエットでもごまかさないで『捨てる勇気』を持ちましょう」

企業研修に携わっていると、伸びる人の特徴について気が付くことがあります。

最も目立つのは「自分と真摯に向き合うことのできる素直さを持っている人」です。

例えば、一か月後の研修日までに行うべき課題が出た場合に、自分に都合のよい勝手な解釈を加えて課題の内容をすり替えてしまったり、もっともらしい理由をつけて手抜きをする人も中にはいます。つまり「研修から得られる学びや情報を素直に受け取ろうとしない人」ですが、実にもったいないことです。

この際、まず**捨てるべきものは「自分のプライド」や「面倒なことを本能的に避ける思考や習慣」**です。ダイエットにおいても捨てられる可能性のあるものは思い切り捨てる、と言う覚悟を持ってはいかがでしょう。決心することで視野や行動が大きく広がります。

◇できる人の多くは机の周りが綺麗に片付いていていませんか?
◇できる人は妙に忙しがらず、動きに無駄がないと感じることがありませんか?
◇優秀な人は持ち物が少ないとかスッキリ感を感じることがありませんか?

机の上がごちゃごちゃしていて引き出しの中はバラバラの書類だらけ、いつもよくわからない資料をたくさん持ち歩いていて、汗をかきながら動き回っている…そういうタイプの優秀な人を見かけることはあまりありません。

こうした目に見える表面的なムダと考え方のムダは連動するということです。余計なものを省くことのできる思考の持ち主ほどビジネスマネジメント・ダイエットの成功者に近い人でもあるのです。

話を戻しますが、通常の勤務形態（朝から夕方までの会社勤務）であれば、多くの人はランチの調整が最もしやすいと思いますので、それを前提に話を進めていきます。

昼のマネジメント

腹×分目

Ａ「腹八分目が朝・昼・晩きちんと行えていたら苦労しないな、とよく思います」

F「昔に比べると現代人は平均的に食べ過ぎの人が多い（カロリー過多含）ですよね。

そこから考えて一日の総摂取カロリー・一日の食事の総ボリュームを減らすのです」

A「このカロリー計算などを正確に行わないといけないですか？」

F「正確に行うことに関心が持てますか？

ネットで検索すると色々情報が出てきますので、それが「楽しい」と感じるなら行ってください。

年齢別・男女別・活動量などから必要なカロリーとかダイエットするための摂取カロリー上限数値など参考にすべき指標や数字はいろいろ出てきます」

A「あまり興味がもてないですね……」

F「このビジネスマネジメント・ダイエットの本質はゆるゆるダイエットです。

辛い数字とにらめっこするのは楽しくないので、ここは大体の感覚でよいのです。

そうでなくても楽しくないダイエットを行っているのですから、力を抜けるところは抜く、でいきましょう」

A「大体の感覚と言いますと？」

F「昼食の量は大体、腹七分目を目安にします。慣れてくれば頑張って六分目を目指したいですね。そして昼は炭水化物を極力摂らないという行動目標をたてます。最初はお腹がすくと思いますが、直に気持ちが慣れます。ここはなんとか慣らしてください」

A「胃が小さくなっていくということでもありますね」

F「これを行うことで何よりもよいのは、午後に体が重たくならない、眠くなることが少なくなるということです。ということは活動しやすい、仕事に集中しやすいということでもあります。堂々と仮眠ができない以上、昼食を減らす行為は体重のためというより、仕事のために重要と考えてみてはいかがでしょう」

女子栄養大学出版部の携帯版「メタボのためのカロリーガイド」（監修竹内冨貴子氏、牧野直子氏）は持ち運びが楽なサイズで、様々な食事、おつまみ、お酒のカロリーが分かりやすく表示されています。電車の中とか、時間がある時に眺めるだけでもダイエット意識、カロリー意識が植えつけられますので携帯されるのもよいでしょう。

ビジネスマネジメント・ダイエットでは栄養学や科学などの専門的なアプローチはほぼ用いませんが、とりあえず自分が好む食事、自分にとって外せる食事、外せない食事がどれほどのカロリーなのか知っておくこと自体は便利です。ざっくり頭の中に入れておくと、いざという時に食行動にブレーキをかけてくれますし、つい注文してしまっても途中で残す、という選択肢も出てきます。目安となるカロリー数値を読み物として眺める習慣があるだけで、いざという時に歯止めかけられる情報となります。こうした武器があるに越したことはありません。

カロリーが少ないざるそば・きつねうどんをスタートラインに、よく食べられている食事がどの程度のカロリーなのか次に記しておきます。

ざるそば　２８４kcal
きつねうどん　３８２kcal
アジの塩焼き定食　４８０kcal
タンメン　５４６kcal
麻婆豆腐定食　６４８kcal
五目ラーメン　６６５kcal
親子丼　７３１kcal
ポークソテー定食　７６３kcal
ネギトロ丼　７８６Kcal
焼肉定食　７９４Kcal
天丼　８０５Kcal
天津麺　８１０Kcal
カルボナーラ　８３０kcal
中華丼　８４１Kcal

オムライス　８４３Kcal
アジフライ定食　８６２Kcal
カツ丼　８９３Kcal
牛丼　９０９Kcal
あんかけ焼きそば　９１８Kcal
ビーフカレー　９５４Kcal
カツカレー　９５７Kcal
ビーフカレー大盛　１３２９Kcal

他にもいろいろありますが、比較的人気があり、日常的に手が出そうな食事がどの程度のものなのか目安になります。私的には８００Kcal を超えると危険領域、８５０を超えれば「太り飯指定」、完全なレッドゾーンとなります。

ラーメン類は味噌ラーメン５３２Kcal、とんこつラーメン６６１Kcal なので他の太り飯に比べても派手な数値とはいえません。しかし、私の中ではラーメンは他の食事に比べても常食性が高いことと存在感が大きい一品です。ほどよいプレッシャーの中でダイエットに挑戦している象徴として適していたので、ラーメンは太り飯指定＝禁じ手としました。量やカロリーも大切ですが、**心の片隅に少し引っかかる程度の禁じ手の設定はダイエット意識を忘れさせない意味でも効果があります。**また後で補足します。

自分を錯覚させる

F「優秀なビジネスパーソンってどんなイメージですが？」

A「いろんなタイプがいますけど、共通していることは自分に自信を持っているということですね。

謙虚にしていても心の奥に強い信念や自信が感じられます」

F「先ほども触れましたように、営業研修の中では同じことを学んでいても、人より成果を出す人は『素直力』があるものです。そして『実行力』があります。

学んだことを実際にやっていけば成果を出せる自分である、という自信を持っているのです。

それに比べて成果の出にくい人は実行する前から色々考えすぎて腰が引けている人が多いと感じます。

『今回もまたダメではないか？』『そんなにうまくいくわけない』

『自分には合わないかも』という不安や疑念を最初から持って臨んでいるように感じます」

A「同じ時間を使って学んでいるのにもったいないですね」

F「**戦う前からすでに勝負はついている**、ということです。

仮に根拠のない自信であったとしても、ファイティングポーズそのものは必要です。

ダイエットにおいても自信そのものは錯覚でかまいません。

過去がどうであったとか、リバウンド経験があろうがなかろうが、

『絶対うまくいく！』ということを常に自分に言い聞かせてください。

人間はうまくできていて、そのことを考え続ける、言い続ける、文字にし続けているうちに徐々にそのことが意識の中に沈殿して行動へ結びついてい

きます」

Ａ「どうしたらそういう意識を持つことができますか？」

Ｆ「例えば、ダイエットを行っている間、『頭の中に大きな掲示板が常にある』というイメージを持ち続けてください。

そこに太いマジックで『ダイエット』と書かれた紙が貼ってあると考えてください。

成功するとかしないなどの余計な文言は必要ではありません。

『ダイエット』という言葉そのものが頭の中にしょっちゅうチラつくようになりさえすればよいのです」

常にダイエットの意識が頭の中に常駐する状態を持ち続けるということです。

ベッドに入って瞼を閉じた時はもちろん、翌朝、目が覚めた時にもいきなり「ダイエット」という文字が浮かぶようになれば、ダイエットの成功をグッと引き寄せます。慣れてくると「自分は痩せた」、「ダイエット楽勝」、「実はそれほど大量に食べることが好きではない」、「あまり食べたくない、食べ過ぎると頭の動きが

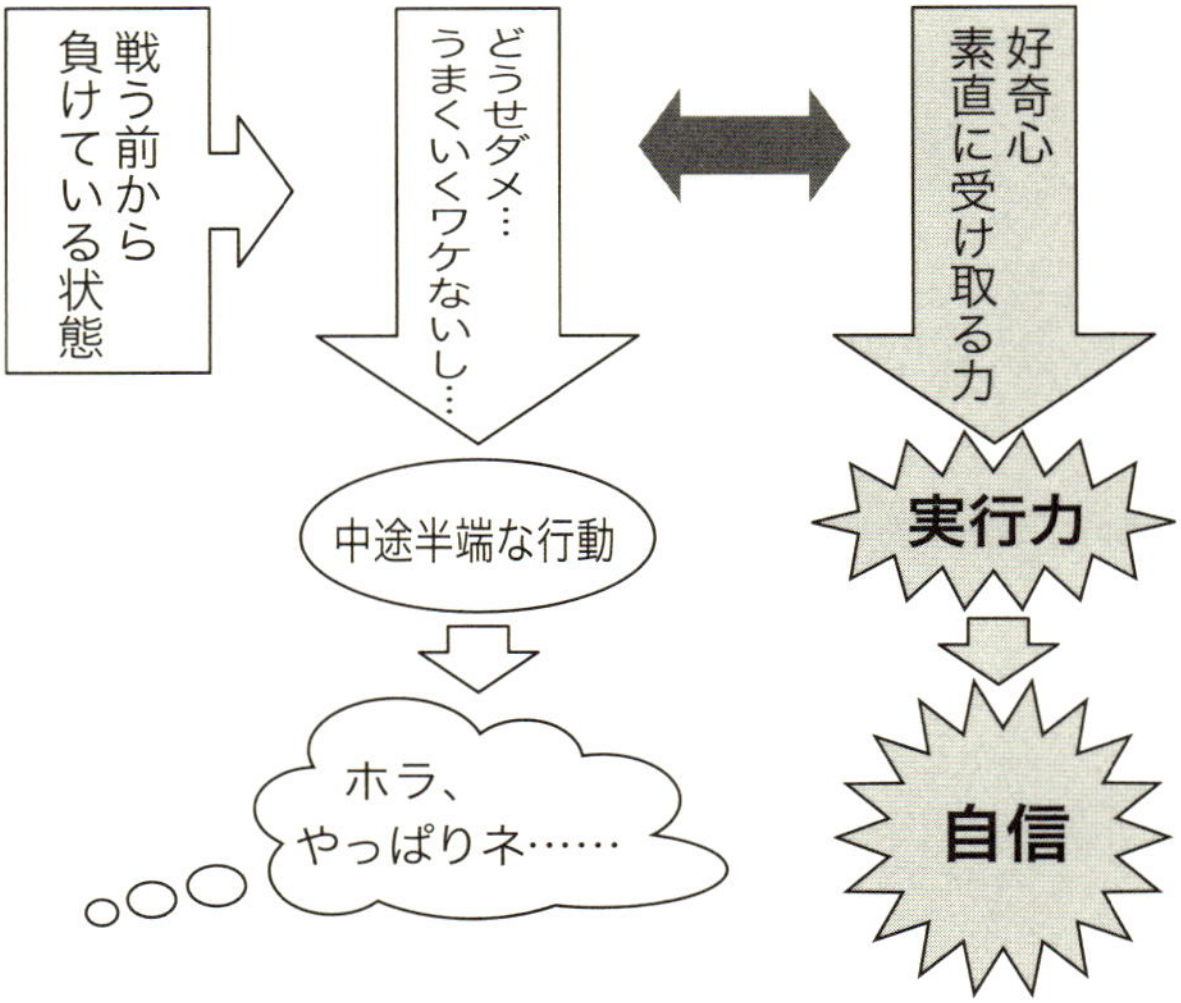

鈍くなるし」など、食行動にブレーキをかける言葉を自己暗示にして、ことある毎に念じてください。

こうしたキーワードが常に頭の中の掲示板に張り出されているようになると（そういう意識が定着すると）、やがてその言葉が行動をけん引してくれるようになります。その行動が結果へと繋がっていくのです。

炭水化物マネジメント

F「とりあえず炭水化物を減らすという意識だけで十分です。

頭の中の掲示板に『ダイエット』

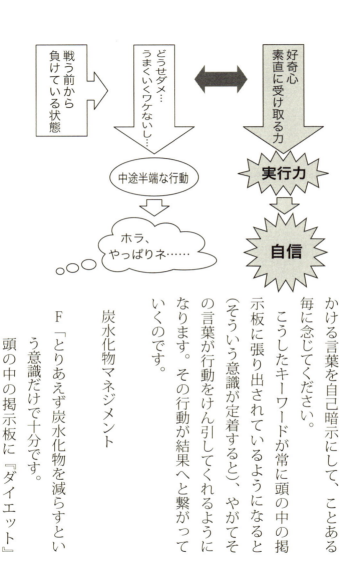

という言葉が浮かんできて、その言葉やダイエット意識が頻繁にちらつくようになればこのダイエットは成功します」

Ａ「顕在意識と潜在意識をうまく活用するということですね」

Ｆ「頭の中にそのダイエットの意識を埋め込むひとつの方法を紹介します。

明け方、ぼんやりと目が覚めることがあると思います。

半分寝ている、半分覚醒している、みたいな状態の時です。

このときの言葉や妄想は潜在意識に強く残ります。

『絶対痩せる！』とか『痩せた！』とか『何をやってもうまくいく！』『今日もまた体重が減っている』など強く思ったり、目をつぶったまま『痩せる』という文字そのものを頭の中で映し出す習慣を持ってください」

A「頭の中に映し出す、というのは思い浮かべるということですか？」

F「そうです。映像による効果は絶大です。

『痩』という一文字を頭に思い描くだけでもかまいません。

こうした習慣をしょっちゅう持てるようになれば更に自己暗示が進み、痩せるための行動を自然にとるようになっていきます。

一日中、何かあればすぐ痩せるという文字が浮かぶようになります」

一度寝てしまったら朝まで起きないという人は、布団に入って目をつぶった時にこの作業を行うことです。また朝、まだ目は閉じているけど頭は起きていて布団の中でごそごそしている時間があるのなら、そのひと時も有効活用してください。**布団に入ってから朝はっきり起きてしまうまでの時間は視覚的にも余計な情報に邪魔されにくい黄金の時間**なので是非、活用してください。外からの情報が遮断されている状態の中で念じることは強く頭に残ります。

自分流昼食

Ａ「自分流とはどういうことですか？」

Ｆ「例えばウィキペディアでは次にように説明されています。

【自分で考え、判断し、行動し、その結果に対して自らの責任を持つという生き方の哲学】

つまり『自分流昼食』も『自分に適した昼食を自分で探し出す』ということです」

Ａ「自分で見つけ出すのですか」

Ｆ「学校では答があってそれを探すという指導方法が中心といえます。正解はどこかにあるもの、与えられるものという考え方が自然と出来上がります。

社会に出たら正解は自分で作っていくしかないわけですが、相変わらず答を求める人たちが大勢いるのはこうした教育の影響ともいえます」

Ａ「ビジネスパーソンは自ら答を創りだしていく姿勢が大事だと」

Ｆ「指図されてあれこれやるよりも自分で工夫する方が楽しいし、やる気が出ますよね。自分で創作していく！という気概と工夫が仕事自体を楽しいものにしていきますし、質も高めていきますよね。そして、その楽しさが積極性、自発性を生んで成果につながります。『自分流』とはそうした姿勢や思考を表したものです」

一般的に著名な経営者・成功者の体験談や講演は刺激にはなっても、すぐに実践に活かすことは難しいものです。それは環境も業界も規模も社風も理念も個性も、そして実力も違うからです。自分（自社）に適したものに翻訳、加工し直していく作業が必要になります。そのまま使える答がそこに転がっているわけではありません。

さて、この本の内容においても自分の生活環境にそぐわない場合もあるでしょう。そうした場合にすぐ「無理！」「できない！」「自分にあわない！」と心のシャッターを下ろすのではなく、自分の場合はどう加工するか、ここはどう考えるか？そうした姿勢で臨むことが実際の行動に結びついていきます。

是非この後はその構えを持って読み進めてください。**そんなの面倒だな、と感じたなら、まず面倒と感じてしまう自分の思考のクセに気づくことです。そうした傾向が今の自分の体、体重を作っているのかもしれません。**

さて、一番コントロールしやすい昼食について二つの重要ポイントを整理します。（ランチが自分のビジネスにとって重要な位置づけのため削れない、削りたくないものであれば、他の食事でコントロールしていくことになります）

①　腹七分目を目指すこと

②　炭水化物をなるべく避ける（葉野菜やきのこ類、豆腐、魚介類などがオススメです）

炭水化物を完全に抜くのは難しいでしょう。だからこそ腹七分目発想があります。どんな食事であっても腹七分目がキープできるのであれば大丈夫ですが、ダイエットに勢いをつけたいならある程度、食材にこだわりを持つのもひとつの手です。

A「会社の近くにスーパーがあるので、食材を探し回る楽しみを持とうかと思います」

F「太りやすい方の考え方の特徴として**食事を密かにイベントとして捉えがちです。**」

昼食は午後の活力を生み出すためのエネルギー補充タイムとか」

A「夜のご飯は一日頑張った自分を癒すためのご褒美！　等として考えていますね（笑）」

F「まあ、とにかく**自分を許す、甘えさせる、頑張った自分へのご褒美のような考え方をする傾向があって、しっかり食べることによって胃だけでなく、心の満足を満たしているのです**」

A「……」

F「炭水化物以外、あるいは少なそうな食材を選ぶ際のポイントをあげておきます。

寒い時期であればスープなど温かいもの、寒くない季節であればキュウリやブロッコリーなど歯ごたえのあるものがあると、ある程度『食べた実感』をもたらしてくれます。

量が少ない、パンチがきかない食事はあまりにもあっさり終わってしまって、口も胃も脳も満たされてないため、気持ちが寂しくなります。

歯ごたえ、温かさ、大きさ等で紛らわすことが大変役に立ちます」

A「聞いているだけでお腹が空いてきますね……」

F「とにかく、昼は慣れるまではまず口が寂しいので、昼休みに歩き回り、スーパーマーケットなどに足を運んで、それらしい食材を探してみてください（足を使うことでカロリー消化、運動不足解消にも一役買います）。

頻繁に出入りしていると、どの場所に何があって何時に何が安くなるか等、いろんなことが見えるようになり楽しめます」


A「この際、異業種、非日常の世界を経験するつもりで、昼に食べられる食材探しの探検を楽しむということですね」

F「こうした生活を楽しめるようになれたらしめたものです。

私の場合はスーパーの総菜コーナーで野菜サラダや焼き魚を買ったり、こんにゃく類等でできた食材や豆腐が活躍してくれました」

A「このパターンばかり毎日続けていると飽きてきませんか?」

F「その時は少しだけ規制を解いてあげてください。

少し大目に見る、許すという気持、二歩進んで一歩下がる気持ちで緩く付きあっていくことが長続きの極意です。

遠回りのように見えても、リバウンドしにくい生活習慣を作る作業につながります。

昼食は一日の真ん中、中心にありますので、ここが掌握できると大きな影響力を持ちます。

中枢を押さえることはすべてにおいてカギとなります」

夜のマネジメント

自分の道を究める

どのような世界であれ、まっすぐ自分の道を突き進める人は強いものです。自分の「型」を持つことで通算打率がよくなることは野球に限らないでしょう。イチロー選手のような天才でなくても、ビジネスである程度の成果を出す人は自分だけの型やブレない考え方を持っています。しょっちゅう道具やフォームをいじっていながら、すごい成績のスポーツ選手という人をあまり聞いたことがありません。

A「夜の食事のマネジメントが一番難しいんですよ」

F「夜の行動をコントロールできるようになれば怖いものはなくなります。

このように話すと、鉄の意志で誘いを断るとか、飲食街など楽しそうなところにはなるべく近寄らない等と考えがちですが、そうではありません。

お酒の誘いを絶つのではなく、今までと同じように自然の流れに任せればよいのです」

A「普通に飲み喰いしても……いいんですか！」

F「上司の誘いやミーティングがらみの宴席、お客様の接待、彼女とのデート、気の置けない仲間とのひと時など色々あるでしょう。

これらをすべて断っていたらストレスが溜まるだけでなく、人間関係に支障をきたすこともあるはずです」

A「営業は好かれてナンボですから。付き合いが悪いと思われることは避けたいです」

F「お客様からでも社内でも、アイツは誘ってもどうせ来ない、と思われたらもったいないですね。

ここで取るべき方法は酒の誘いを断らず、その酒席の中身で勝負することです。

お誘いを受けながら…かわす、流す、受け入れることとです。

それがビジネスマネジメント・ダイエットの世界で自分の型を持つということであり、大人のゆるゆるダイエットの極意です。

くれぐれも急いではいけません。角をたてては損をしますし、失敗の確率を増やすことにも繋がります」

人生も営業もダイエットも基本は長距離走

Ａ「１００メートル全力疾走のやり方では後が続かない、ということですね」

Ｆ「ストイックなダイエット方法は短期的に結果を出すことにおいては有効ですが、問題はその後です。

例えば、自分の本音を極端に抑え込む食事制限は、限られた期間だからこそ我慢できるのであって『一生続けなさい』と言われたら嫌になりませんか？

体重が目標数値に到達した**ゴールの後のケア**が大切なのです。

体重が落ちても心が太ったままの状態であればリバウンドしやすいのです」

Ａ「短期間で体を絞って減量に成功している方法もありますね」

Ｆ「それ自体は否定するつもりもありませんし、素晴らしいことには間違いありません。

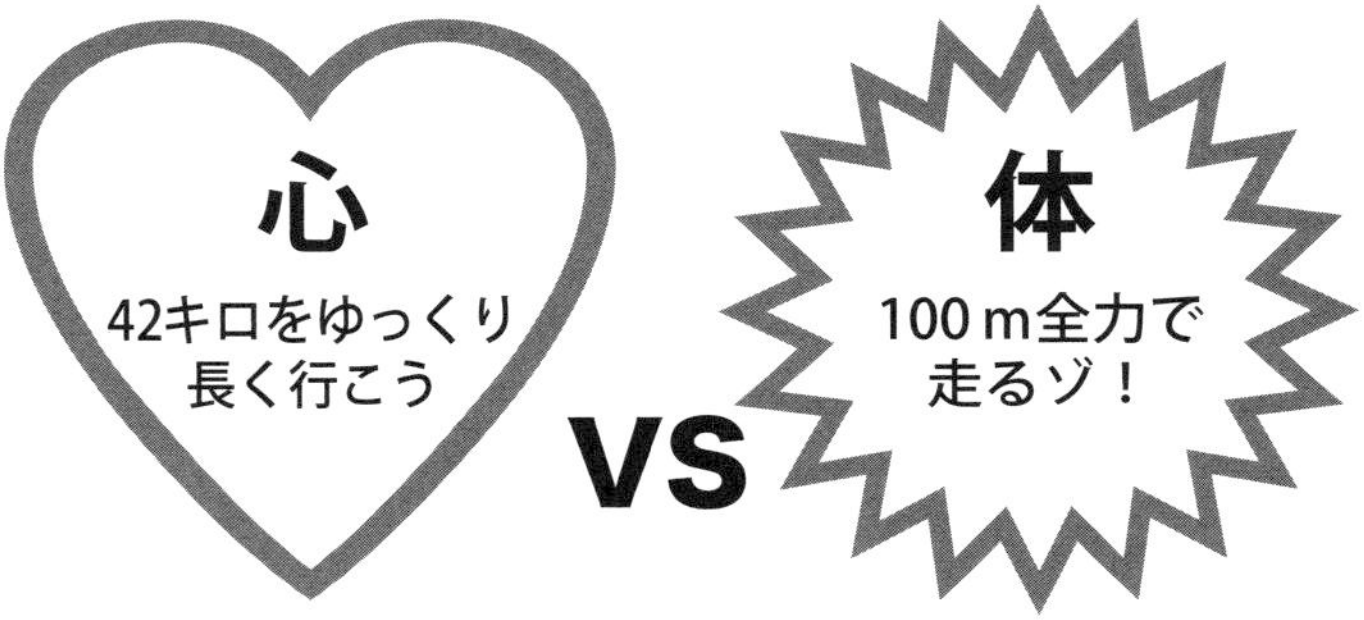

ただ、私が思うに、ビジネスに割れた腹筋は必要ありません。人前で肌を披露することもほとんどないでしょう。

そして、短期間に体がシェイプアップできても、心の状態が伴っていなければバランスは崩れやすいものです」

肉体は百メートル走を全力で走る状態を整えてスタートラインについているのに、心の中はフルマラソンを走るための状態だとすれば何かがおかしいですね。短期間で体を絞ったのはいいけど、心の状態がついていっていないかもしれない状態とはそういうことです。

心と体の状態を一致させるにはそれなりの時間が必要です。つまりは「人生」というマラソンコースを自分の力でゆっくり長く走り続けることのできる体質になることがカギなのです。ほどほどのゆるゆるダイエットであればこそ心も自然体であって長続きできる、というのがこのビジネスマネジメント・ダイエットの基本的なあり方です。「緩く・長く・少しづつ」が基本です。

小さなマネジメント

F「脇の締まった経営者は小さなお金を大切にしますね。どんなに売上があがっていても利益が出ていても、無駄なお金は使わないし、節約できるところは日頃から徹底して行っています。だから経済環境が厳しくなってきたときでも特別なことをしなくても自然体でいられるのです」

A「普段は無駄を垂れ流しているのに経済環境が悪化したら急に『節約！』と

言い始めるパターンはよくありますね」

Ｆ「これだと節約を唱え出してから実際に行動の習慣化が出来上がるまでに時間がかかります。

好調な時から厳しく小さな努力の積み重ねをしておくことが大きな力を発揮します。小さな会社でもこうした脇の締め方を日頃から行っている組織は強いものです」

Ａ「ダイエットも普段から脇を締めておく考え方が必要ということですか？」

Ｆ「そうです。この場合、小さな努力とは夜の食事を少しだけ削る発想です。いきなり極端に量を減らしたり、内容を変えるのは続きにくいことは説明しました。

だからこそ少しだけ減らす。

夜の食事が一人で食べる定食等であればご飯を少しだけ残す、仲間やお客様と居酒屋へ行くのであれば、ご飯・麺類などの最後の締めの炭水化物を取らない、ということです」

誤解のないように補足しますが、食べ物を残すことを推奨しているわけではありません。私は食べ物を粗末にするのは嫌いで、むしろ少々無理してでも「食べきる派」です。

しかし、体重を落とすというミッションとその習慣化の中では「食べきらないともったいない」を言っていては逆に自分に対して甘えが出てきて、身も心もいつまでたってもダイエットの志向になっていきません。だからこそあえて残すように伝えています。

夜は「腹八分」を覚え込ませていただきたいのです。昼に炭水化物系を取らないようにしているのでそれなりにお腹が空いていると思いますが、その状態でも何かを残す、締めを取らない、もう少し食べたいという状態でやめておく、この繰り返しによって体重減となるのです。簡単な引き算が成り立ちます。行動そのものは極端に変わるわけではないので、できそうなイメージが持てるのではないでしょうか。

ランチで少し頑張って、夜はその頑張りを軽く継続させるイメージです。最初は満腹感がほしいので気になるかもしれませんが、徐々に胃も小さくなりますし、心もその環境に慣れてきます。

OOSマネジメント

F「何かを得ようと思ったり、何かを達成しようと思った時、『これをすればこうなる』と言いきれる仕組みや法則があると便利ですね」

A「営業でも同じですね」

F「弊社の説明になって恐縮ですが、弊社の研修は、これを実践すればお客様に喜ばれる、成果が見えることが実感できる具体策で構成されています。お客様から笑顔が出る、『ありがとうございます！こんなことをしてもらったのは初めてです！』と言ってもらえる言葉が出る営業は楽しいものです。実行することで喜ばれる、そして楽しくなるからテンションが上がり継続できる、ということです。こうしたことが仕組みに繋がります」

A「で、次のダイエットの仕組みへと続くのですね（笑）」

F「はい。ここでOOSマネジメントがでてきます」

Ａ「ＯＯＳ？」

Ｆ「これは……お代わり・大盛・締めの略語です。

つまり、このＯＯＳを常に頭におきながら自然に食行動にブレーキがかかるところまで意識を高めてほしいのです。

体重を減らすという行動をサポートする魔法の言葉でもあります」

【お代わり】ご飯のお代わりはやめましょう。炭水化物を取りすぎていることが前提の話です。ご飯は一杯で十分です。そもそも人はなぜお代わりをするのでしょうか。おかずが余っているから？　今日はよく動いたので体が欲しているから？　なぜか満腹感が得られていないから？

どんな理由でも構いませんが、一杯食べれば十分です。お代わりという行動は体重増に一直線に向かう行動であり、今までの努力を捨ててしまうことだと肝に銘じましょう。

【大盛】この際、大盛りという迷信・錯覚から自分自身を解き放ちましょう。

大盛などしなくても普通に一杯食べれば十分です。その日常の大盛り行動が今の自分を創りあげてきたのです。大食いの人は食事のスピードが速いのが特徴のひとつです。胃が満腹感を感じるまでにガツガツと食べてしまうから量が必要となるのです。ゆっくり味わって食べることでお腹が徐々にストップをかけてくれます。ここは忍の一字でゆっくり味わうことを習慣化することです。ゆっくり食べるための仕組みを構築することです。本を読みながら食べる、一度口に入れたら30回は噛む等、自分で決めたことを実行する！　と決意することです。

【締め】お酒を飲んだ後のシメのことです。お茶漬けであってもラーメンであっても、うどんでも夜中にお腹を満腹にする行動がどれほど悲しい結果を生むかを自覚しましょう。ダイエット進行中であれば一度でも酒席の後の締めを食べて満腹状態にしてしまうと、翌朝あるいは翌々朝には確実に悲しい体重数値が襲い掛かります。一歩進んで五歩下がるくらい台無しにする行動と心得ましょう。

「もっと食べたかったな」「なにか食べたいな」と思える状態で床に就いた翌朝、

スッキリと目覚めた経験はありませんか？　胃に負担のない状態がどれだけスッキリとした軽やかな黄金の朝をもたらしてくれることでしょう。経験されたことのない方は是非挑戦してください。

スッキリとした朝で始まると一日快調です。食べる＝満腹になることを常としている人にとってはハードルの低くない挑戦ではありますが、これがどれだけ健全な姿であるか、そしていかにここに人生を豊かにする金脈が眠っているかを一日でも早く体験してほしいと思います。

スピード処理

Ａ「できる人は仕事の処理も早いですよね」

Ｆ「説明するまでもなく。クレーム対応もスピードが命ですね。

その感動的なスピード対応でファンに変わることは珍しいことではありません。

弊社研修に参加された住宅会社の営業責任者Ｂさんのお話が印象的でした

ので夜中にお客様から呼び出しがあったときのお話をそのままご紹介します」

B『お客様は不安なんです。直すことは早いに越したことはありませんが、夜中や台風の時等、すぐに修理ができない時でもまずは伺って状況をお聞きすることで不安が解消される、それが大事なことなんです。

お客様は不安を解消したいのです。

すぐ対応できないからと逃げ回ったり、面倒くさがったりしているから事態がややこしくなってしまうのです』

A「ぐずぐずすることによって取り返しのつかないことになるのは体も同じ?」

F「そうです。『しまった、食べ過ぎた!』」と思うことは誰でもありえることです。そうした時は迅速に食べ過ぎた分を消化してあげるアクションが必要です。

体から脳へ『食べすぎじゃないの?』というクレームが上がってきたら即行動!です」

私が行っていたのは、勢い余って食べ過ぎてしまった時はそのまま歩いて家まで帰るという行動の習慣化です。時間にもよりますが、さほど遅くなければ明るい道を通りながら街を散策する余裕を持つことで色々な刺激と出合えます。こうすることで余分なカロリーを消化してしまう手があるということです。

新宿から当時住んでいた品川区まで約2時間、歩いて帰宅したことは何度もあります。こうなると家に到着した頃にはお酒も抜けて満腹感も消え、足に心地よい疲労感がある状態です。すると寝つきがよくなるばかりでなく、翌朝もスッキリと起きることができます。もちろん体重への影響も最低限に抑えられます。

家までの距離すべてを歩かなくても構いません。夜の限られた時間なので途中下車しての20分でもよいのです。ほんの少しであっても食べすぎを消化してしまう迅速処理のクセを根付かせることと体を動かす意識を持たせることが大切なのです。**体から食べすぎに対するクレームが沸きあがった時はまず行動する！** ことです。

夜道の一人歩きには注意が必要な場合もあると思いますので、大通りや明るい道を選べば、新しいお店ができたことに気づいたり、マニアックなお店と遭遇したりと楽しい発見が案外あるものです。ダイエットしながら街の情報にも詳しくなります。

願掛け

F「願掛けというとどういうことを想像されますか？」

A「願いが叶うようお寺に詣で神仏に祈ったり、願いが叶うまである好きなモノを絶ったりする行為のことですかね」

F「一代で会社を上場させた創業経営者に接する機会が多々ありますが、このような方々も何かクリアしたい目標や目的がある度に願掛けを活用しています。

ハードルの高い願掛けを行っても簡単にクリアする人が多いですね」

A「酒やたばこをしばらく絶つというのはかなり大変な部類だと思いますが」

Ｆ「夢を実現するような人たちは酒・タバコ程度は何ともない、という心構えで取り組まれ、成就されています。事業に失敗すれば資産をすべて失う、生命保険で負債を払う覚悟で経営をされている方々の気迫、真剣さには学ぶべきものがたくさんあります」

Ａ「ダイエットの場合もそこまでの覚悟が必要ですか？」

Ｆ「いいえ、ダイエットのために酒やタバコをやめて願を掛けるというのはストレスが溜まって爆発するのがオチです。ここでは簡単なモノ断ちを行います」

Ａ「食事量を減らし、常に我慢をしている状態の中で何を絶てばよいのでしょう？」

Ｆ「私はラーメン絶ちを行いました。私にとってラーメンとはどのようなものかというと、まずそこそこ頻繁に食べる好みの食事です。ほおっておけば週に数回程度、食する可能性があります。美味しければスープまで完食します」

A「ラーメンよりカロリーが高い食事がありそうですが」

F「ラーメンはカロリーでの比較であれば、恐ろしく高い数値というほどでもありません。

しかし、どんなにカロリーが高くても自分が食べたくなるものでなければ全く意味がありません。

頻繁に食べる可能性があることと、スープまで飲み干すぐらいの好みの食事であることが問題なのです」

A「たばこや酒のような絶対的な存在でなくてよいのですね」

F「ラーメンは私にとってなくてはならない食べ物ではありません。

私にとって一番好きな食事は寿司で、頭三つくらいリードしていますかね。

その次に焼肉、カレー、ラーメン、餃子、チャーハンあたりが日替わりで順位を入れ替えている感じです。

3番手あたり、頻繁に食べるのはどれか、と考えた時にラーメンになったということです。

こういう位置づけの食事を目標の体重になるまでの期間、止めてみることです。

もちろんカロリーが高そうな食事が望ましいのは言うまでもありませんが「1年に1～2回、食べるかどうか？ という類いをやめてもメリットもインパクトもありません。また、好きの最上位に来るようなものをやめたらストレスが溜まる危険性があります。

ましてや野菜類などは積極的に摂るべきメニューです。カロリーが高くて時々食べたくなる食事、という意味ではかつ丼も候補に上りましたが、食べないときは数ヶ月でも食べないで平気、ずっと忘れていられるメニューなので外しました。

食べないことで軽いプレッシャーが感じられ、今、自分はダイエットを頑張っている！と意識できる程度のメニューを考えてみてください。自分にとっての「一食」を設定して「自分は今、気持を切らさず頑張っているんだ！」という気持ちがキープできる「ダイエットを象徴する禁じ手」を持つことは食事コントロール中の意識を切らさないという意味でも大切なことです。

「コツコツ勝つコツ」と言えば、小さな努力の集積、地道な努力によって成果を

願掛け〈例〉
一、この一食！という禁じ手を作る
一、夜 10 時以降は食べない！
一、間食はしない！
一、夜は 11 時までに帰宅する　等

手繰り寄せることです。地味ですが、最も確実で大切なこととして知られています。ダイエットにおいても象徴となる一食を設定することは地道な努力で成果を手繰り寄せるコツとなるはずです。私にとってラーメンという食事はまさにダイエットの、地道な引き算の象徴でした。自分にとっての存在感ある一食を設定してみてはいかがでしょう。

他に願掛けの対象として22時以降は絶対に食べない！　と決めるのもよいでしょう。

願掛けの対象は何でもよいのです。

食べないことで摂取カロリー減に大き

く貢献できるものであったり、大食いに歯止めをかけられるものであったり、ある程度、抑制することで「自分！　頑張っているじゃないか！」と気持ちを鼓舞できると同時に体重を減らすことに繋がるモノであればＯＫです。

この体重になるまではしばらくお休み、３か月間はとにかく絶つ等、勇気と行動と意識を鍛えるトレーニングと思って挑戦してみることをお勧めします。

もうひとつ大切なこと…それは達成したり、その期間中、我慢ができたら、ちゃんと小さなご褒美を自分にあげることです。その小さな成功が自信へとつながっていきます。ダイエット成功はご自身にとって大きな成功となりますが、そのプロセス、プロセスで小さな成功とご褒美に喜びを感じることは長い道のりを歩む際の道標となります。

「ムラなく・ムリなく・ムズかしくなく」のゆるゆるダイエットを楽しんで取組むことは色々な意味で人生を楽しむことのできる体質に変わるきっかけとなるはずです。

思考のサイクルを回すQC活動

F「QC活動をご存じですか？」

A「職場毎に小集団を構成し、製品、サービスなどの質の管理や改善を進めていく活動のことですね」

F「職場の問題の改善、よい状態維持のための活動を行う日本独自の取組みですね」

A「これもダイエットに結びつくと？」

F「言葉だけですけど（笑）。

ビジネスマネジメント・ダイエットでいうところのQC活動とは「量」と「質」のQ（quantity）（quality）、「コスト」と「カロリー」のC（cost）（calorie）のことです」

A「言葉によるQC活動ですね」

F「いろいろ襲い掛かってくる誘惑をかわす防御策として、このQC活動を頭の中でサイクル化しておくと便利なので付け加えておきます」

Ａ「一人でできる頭の中の活動ということですね」

Ｆ「まず、コストというのは食経費＝節約のことを意図しています。

せっかく食べ物を削って体重を落としているのに食の経費がかかりすぎるというのはバランスが良くありません。

せっかくなのでカロリーの高い食事、太り飯、ちょっとした贅沢、酒のお供等を減らすことで逆に財布の中は豊かにするという節約意識を持つとダイエットの力強いサポーターになります」

Ａ「食べ物を減らすのだから財布の中身は増えるべきということですね」

Ｆ「何度も言いますが、体重が増えていく一番の理由は食べすぎ（量）でしょう。

そもそも量が少なければ何を食べていてもそれほど気になることはありません。

腹七～八分目の食事が実践できていれば普通は問題ないのです」

Ａ「ダイエットしなければと思っている人の多くは大食いだと思います」

Ｆ「しかも、そういう人は高カロリーのモノを好みがちです。

一般的には味の濃いものを食べていると、あっさりした味では物足りなくなり、どんどん濃くなっていきます。

そうした流れが体重増加に拍車をかけていくことは間違いありません。ということで、たくさん食べたい誘惑に打ち勝つためのメンタルの防波堤を持つということです」

頭の中に存在させるのは量（Q）、コスト（C）、カロリー（C）、質（Q）の文字が書かれた円盤です。何を食べようかと考えている時、様々な誘惑がきます。迷いが生じた時、誘惑に負けそうになった時は、この円盤を回しながら食べ物に対する見方や考え方を切り替えて、その都度もっとも心に刺さるキーワードで目の前の誘惑に対応させるのです。これが活用できると、誘惑に負けて大食いしそうになっても冷静に対応することができます。あれこれ考えているうちに我に返ることができる、ということですね。

もっと食べたい！　と感じた時（お代わりしたい・大盛にしたい）

まずコストのことを考えます。例えば夜9時過ぎに一人で会社近くの中華料理屋で食事をするとしましょう。暑い夜であれば喉も乾いてキンキンに冷えたビールもほしいところです。アルコールが入るときは飲むほどに気が大きくなって量が進んでいくものですが、コスト的にはビール、焼酎、日本酒等なんであれ、平均的なＢ級のお店でも一杯５００円前後、２杯飲めばすでに１０００円となります。ストレスでも溜まっていればガツンとやっつけたくなるものです。ビールで餃子食べてその次に…とやっていけば気がついたときには２〜３千円に跳ね上っています。費用がかさみます。

量を食べたくなったら、まずコストのことを考えましょう

大盛の料金だけでも１００円〜２００円コストがかさみますし、おいしそうなつまみを順に食べていけばどんどん膨れ上がります。せっかくダイエットしているのだから、お金もダイエットさせなければもったいない話です。この際、一日に使う食費の上限を厳密に決めておくと判断の目安になるはずです。

「これ…食べたい！　だけどコストもかかるし、やめた！」

ところが、コストで制御していても、すぐに自分の中で言い訳が始まります。「別にお金の事は関係ないし……」、「給料出たばかりだから……」とか「今日は仕事がうまくいったから自分へのご褒美」等など。

先にも出ましたが、一般的にサラリーマン（特に営業マン）は売れなかった理由、競合に負けた理由を説明する天才です。誤解を恐れずに言えば、**日夜、この言い訳をするためのトークと切れ味を磨いているようなものです**。上司に「なぜ受注できなかったんだ！」と突っ込まれても、瞬間的に「それはですね！　かくかくしかじか」と切り返すことを特訓しているのです（笑）。

こうしたトークは自分に対しても有効活用されているということです。「今日は特別疲れたので……」「今日はよく頑張ったので……」「今日はストレスをためまくったので……」と、自分を甘やかす誘惑が次から次へと自分の中から湧きあがります。先ほどの「コスト」という理論武装だけではあっさり自分に論破されてしまう可能性があります。内なる強敵と戦うためにも次の一手を持たねばなりません。

そこで、次の一手となる防波堤はカロリーのC。

当たり前の話ですが、食べれば食べるほど摂取カロリーは増加します。一日の目安とされる数値など考えるまでもなく軽々と越えていきます。

その際、どうせ食べるのなら野菜とかこんにゃくとか低カロリー系のモノを選ぶという発想があるだけでブレーキがかかります。

お酒のおつまみでも油っぽいものやガツンとくるものでなく、低カロリー系のものでサッサとお腹を満たしてしまう発想です。ここに歯ごたえや温かさが加われば「食べた」という実感が伴って満足感がでてきます。ブロッコリーとかゴーヤ等は安心感抜群で私にとっては強い味方でもありました。

私は年齢や運動量などから一日に必要とされるカロリー摂取量は２５００という数字が目安となっていましたので、一日２０００Kcal以内に抑えるイメージで行っていました（この意識が自然と量も減らします）。一日に必要なカロリー量は年齢や運動量によって違います。これもＷＥＢで検索すると色々計算式がでてきます。

量やコストでの対応が難しいときはカロリーから考えていきましょう

またカロリーのことばかり考えていると切なくなりますし、すぐにまた自分の中で言い訳が始まります。「栄養やパワーが足りていないのではないだろうか？」「明日はハードワークが待っているし」「なんとなくフラっとする気がする」等。「今日は仕事の山を越えたので軽く一人祝いもいいか…」そのときはガツンとくるものを少しだけ食べる…それによって全体の量を腹7分目程度に抑える。そんな選択肢が出てきます。これが質のC（Quality）のマネジメントでもあります。**少しのガツンで全体量の調整**、そんなキャッチが分かりやすいと思います。

量・コスト・カロリーという防波堤での対応が難しい局面では**パンチの効いたモノを少しだけ食べて気持を落ち着かせて全体の質で対応させるのです。**

つまり、**食事のコントロールをするために量を抑える＝「我慢しなきゃ」だけでは自分の欲望に対して理論武装しきれないので、コスト面からブレーキをかけてみたり、カロリー面から攻めてみたり、質を変えて変化球でアクセントを持た**

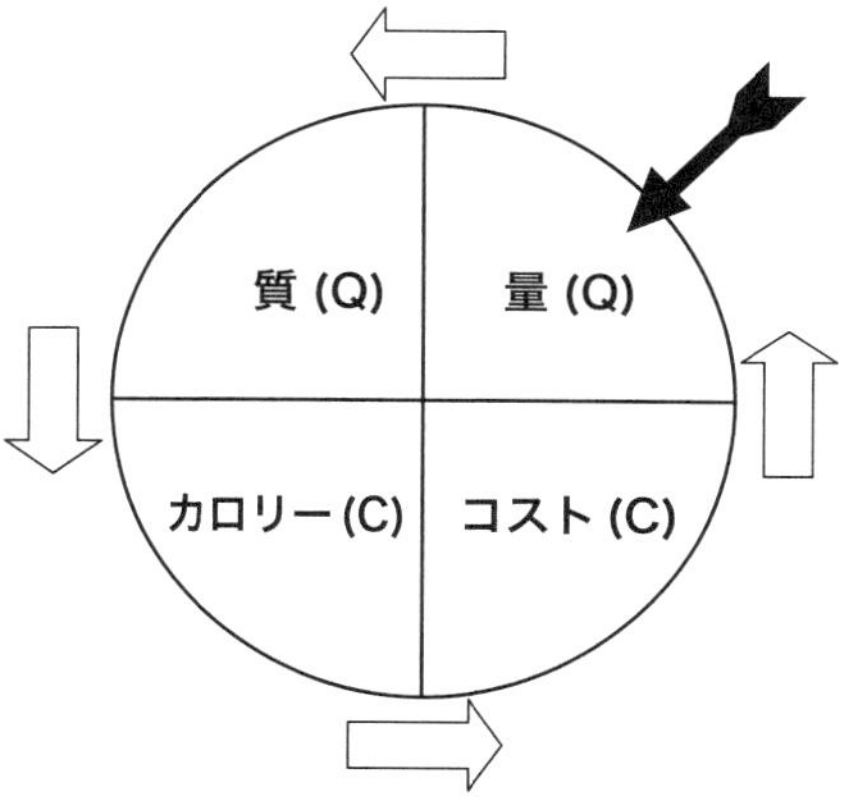

４つのフレームを通して
目の前の食事を考える

せる、ということです。さまざまな視点でクルクルと見渡して考えているうちに我に返りやすくなります。自分の食欲を冷静に抑える制御装置として機能してきます。

ＱＣサイクルを回しながらその日その時の気分に一番フィットするＱ・Ｃのキーワードをブレーキとして適用させていくのです。どのキーワードが一番フィットするか？と思いながらこのサイクルをクルクルと回しているうちに、考えること自体に疲れて食べることの執着が薄くなったことは一度や二度ではありません。

A「難しい仕組みではなさそうですね」

F「難しくする必要もありませんね。

自分を制御するための方法というのは、実は自分が一番よく知っているのではないかと思いますよ。

私はQCという言葉に引っかけて、こうしたサイクルを考えて自分で実践してきました」

A「この四つのキーワードが必要なのですね」

F「食行動にブレーキをかけるためには、私にはこの4つのキーワードによる防波堤が効果的だった、ということです」

A「もし、こうしたキーワードにピンとこなかったら、自分にとって更に心に刺さりやすい言葉を見つけてオリジナルのサイクルをつくってもいいかもですね」

F「そうです。なんであれ自分の型を持つことが大切です。

考え方の型、行動の型、何かに迷ったときの判断基準という型、朝起きてから仕事に向かうまでの戦闘態勢の整え方の型等、そうした一定の型を持つことで、ぶれない自分になることができます」

Ａ「自分の型を持つ……、いい響きですね」

Ｆ「参加されている営業研修にも根底には『守破離』という発想がありますね。他にはない営業の必殺技という『型』を学び、実際に実践で試していく、それを繰り返すことで手応えを感じながら自分の腹に落とし込む、そして、さらに量をこなしながら質を高め（量は質に転化する）、更に工夫して最後は自分だけの持ち味を生かした自分流・自社流の必殺技の完成を目指していきますが、それと同じです」

Ａ「押し付けでなく、自分で考えるからこそ楽しいと」

Ｆ「独自の個性・工夫を取り入れて最終的に自分の型にしていくからこそ楽しいのです。

そして完成へ向かう過程の中で色々考え抜くことが重要なのです。

自分で考えたことを自分で実践する楽しさが継続を生み、魅力・実力を高めていきます」

「自分流」という言葉と楽しさを理解していただくために、全く異なる切り口のダイエット方法について説明しているということもできます。

習慣の正体

F「ダイエットの『習慣化』について少し考えてみたいと思います」

A「習慣になれば、考えなくてよいので楽なんでしょうけど」

F「習って慣れる、慣らす、と書いて表わす『習慣』とはどういうことなのでしょう。

ここでひとつご紹介したい考え方があります。

京セラの創業者の稲盛和夫氏がいろんな本の中で触れていることなのでご存知かもしれませんが、『習い性』という言葉があります。

仕事に対して完全主義を習い性にする、ということを言われています」

A「言葉としては知っていますが、深く考えたことありませんね」

F「次に原文をそのままご紹介します」

『完全主義を習い性とする』「心を高める、経営を伸ばす」（ＰＨＰ研究所）

私は仕事ではパーフェクトを求めます。ところが、事務屋の人たちは九割方うまくいけば、「これでいいだろう」といい加減のところであきらめてしまいます。事務屋はミスがあっても、消しゴムで消せると思っているからです。また。九割方でも、それなりに効果はありますから、完全さをあまり追求することはありません。

しかし、化学実験では、99％うまくいったとしても、１％失敗すれば、ふいになってしまうことがあります。技術屋で修羅場をくぐったことのある人ですと、この些細なミスが命取りになってしまうことを知っています。そのため、気難しく完全さを追求すると言った姿勢が出てくるのです。

このような完全主義を自分に課し、毎日を生きるのは大変辛いことです。しかし、習い性となれば、苦もなくできるようになります。人工衛星が地球の引力に逆らって上昇して行くには、大変なエネルギーを必要としますが、軌道に乗ってしまえば、エネルギーを必要としないのと同じです。

完全な仕事の追求を日々の習慣としなければなりません。

Ａ「一切の妥協を許さない、厳しい生き方ですね」

Ｆ「頭で理解してもなかなかできることではありません。

しかし、こうしたストイックな生き方や情熱があったからこそ、京セラという会社を世界的な大企業に育てることができました。また再生不可能とまで言われた日本航空の立て直しに成功した原動力になったのも記憶に新しいところです」

Ａ「創業者の迫力ですね」

Ｆ「先の文章の中にでてきた『習い性』という言葉ですが、一般的には『習慣はついにはその人の生まれつきの性質のようになる』＝習いが性（せい）となる、というところからきています。

今まで続けていた習慣が最終的には生まれ持っていた性質の如く、自分と一体化してその人自身の自然な姿となる、といったところでしょう」

Ａ「呼吸をするかのような自然な有り様になるということですね」

Ｆ「もちろん、命を賭けて社員やその家族の生活を守るべき経営者の立場からすれば自分自身のためのちっぽけなダイエットの細かい習慣化など簡単なことでしょう。

それこそ習い性といった大げさな覚悟は必要ないといえます。

しかし、大切なことはその後です」

Ａ「？」

Ｆ「このビジネスマネジメント・ダイエットでも習慣化について触れてきました。

ここで言う『習慣』とは後天的に身につけた、学習した内容を行動パターンとして体に染みこませること、といった意味です」

Ａ「習慣とはどれ位、反復すれば身につくのでしょうか」

Ｆ「一般的には３週間とか2か月、その次は3年という数字がよく使われます。

習慣化する内容によっても日にちの目安は異なると思いますが、それくらい反復すれば一応、習慣化するとされています。

ところが……習慣には落とし穴があります。

習慣は案外、簡単に崩れていきます。**必要がなくなったら崩れるのが習慣**なのです。ダイエットも一旦、終了したら、気持ちのタガが外れたら、その思考・習慣は崩れてしまいます。

つまり、リバウンドの脅威にさらされる可能性が常にある、ということです。一度身につけたからと言っても、一度体重が落ちたからといっても、油断をしていたら音もなくその危険が忍び寄る可能性があるのです」

常にダイエットについての思考習慣や行動習慣を長年、意識している状態に保つことが最大のダイエット戦略であり、長年保つ状態にあることで「習い性」にぐっと近づける、ということでもあるのです。

ダイエット意識と食べすぎてしまう食欲の関係について考えてみましょう。ダイエット意識は頑張れば習慣にはなります。ところが、食べすぎや食欲は本能に基づいたものであることが多いので、もともと持っている性質＝習い性に近い状

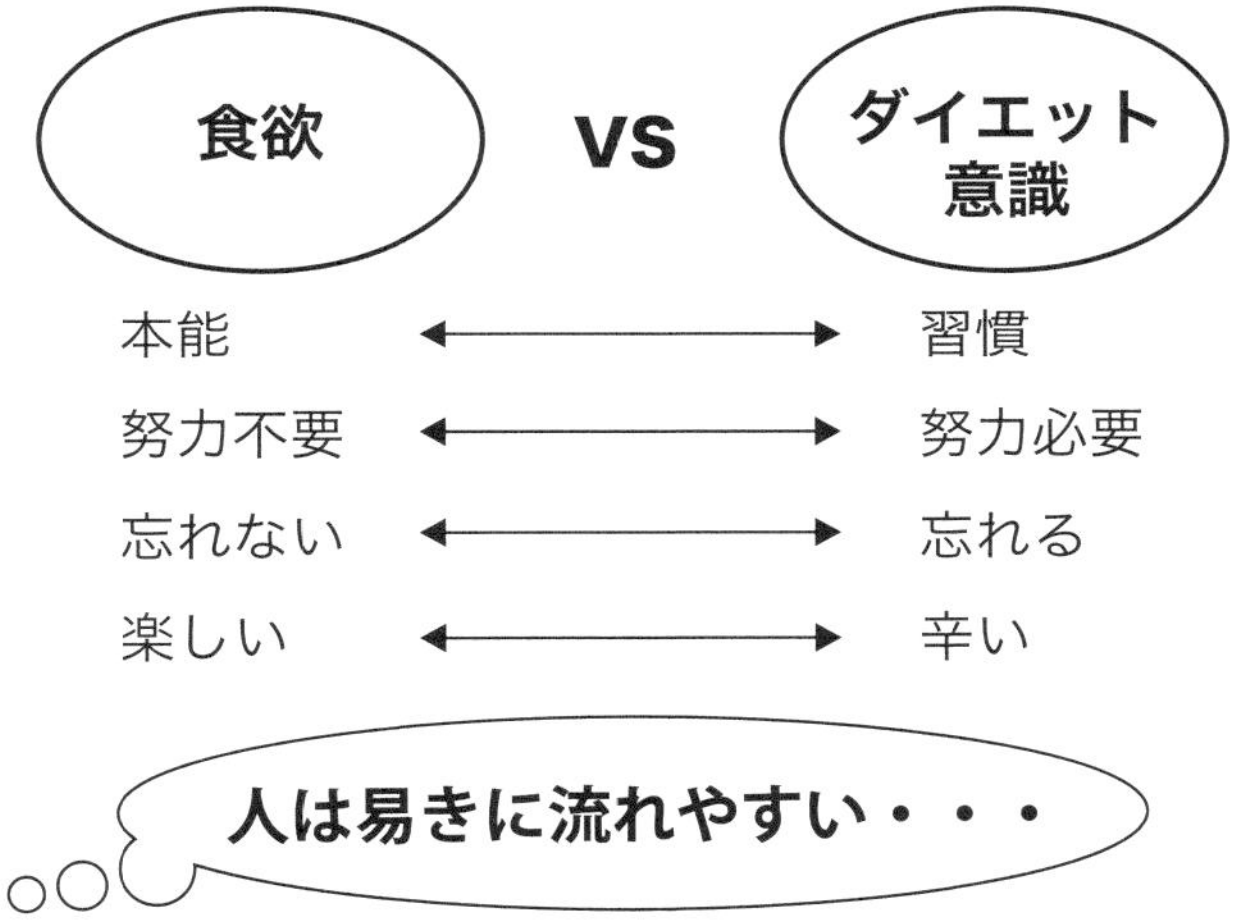

態です。

努力が必要なものと必要でないもの、どちらが強いかは言うまでもありません。集中力が必要なものと何も考えていなくてもよいものの差でもあります。まして人は「楽を求める動物」です。油断していたらダイエット意識は簡単に駆逐されてしまいます。

これは言い換えると「楽しいこと」と「辛いこと」のどちらに引っ張られるか、ということでもあります。ダイエットに限らず、人の心の中では常に「楽しい世界」と「苦しい世界」が葛藤していますが、努力が必要なほうがハンディキャップを背負わされているのです。

いつの間にか自分の中から消えてしまっていた良い習慣はありませんか？　必要を感じなくなったら消える運命にある習慣だからこそ、ずっとその意識を保ち続けること、「くさび」が必要なのです。

リバウンドの撲滅

F「リバウンドについてもっと深掘りしてみましょう」

A「体重が落ちて気持ちがホッとするから油断するということでしょうけど」

F「リバウンドすることについてビジネスマネジメント・ダイエット的にいえることは次の３つです」

①　心が太ったままだから

②　ゴールが目の前にあるから

③　ゴール後のマネジメントをしていないから

F「まず心が太ったままの状態を改善する意識をもたなければなりません。ダイエットが終わったら『××を食べるぞ！』と食べることに目標を定めている自分、痩せてしまった自分はリバウンドなんかするわけない！　と慢心している自分、今日は誰と何を食べようかなと少しワクワクしている自分、これらはすべて心がまだ太っているままの状態です」

A「このあたりの意識を変えていかないとリバウンドしやすいと」

F「極端に言えば、**リバウンドするために痩せる努力をしているようなもの**ですね（笑）」

A「食に対する欲って凄いですね」

F「食べることに対する執着はその人が生まれつき持っている本質的なものかもしれないですから……、そもそもこうした執着を取り払うことは難しいのかもしれません」

F「私自身、食べることでストレス解消したり、気分が高揚することは、今でも日常的にあります。

こうした食事の楽しみそのものを取ってしまうのはいかがなものかとも思うのです」

A「……」

F「しかし、そうであったとしてもマネジメント自体は出来るはずです。人と会って食事することを楽しみにしていても、その食事内容や量を変えることはできます。

一度に1500Kcalを摂取してしまうところを1200Kcalに落とすことはできます。

炭水化物中心のオーダーを変化させることも、腹10分目食べるところを8分目で終えることもできるはずです」

A「少しならできそうです」

F「こうした意識はダイエット終了というゴールとともに過去のものとして、忘れてしまうのではなく『ずっと』持ち続けることがカギとなります」

A「『ずっと』って、いつまでのことを言うのですか?」

F「『ずぅーっと』です（笑）」

ダイエットには目指すべき体重目標と着地点（ゴール）があります。いつまでに何キロ痩せる、ということです。目指す数字に対してひたすら努力を積み重ねていくわけですが、この着地点があることでメリハリ、集中力発揮に繋がります。

さて、程よい距離感で目指すべきゴールがあるのはよいのですが、問題はその後です。

苦しい期間を頑張れば頑張るほど達成感、充実感、満足感は確かにありますが、終わったらホッとしてしまいます。体がホッとした状態＋心が太ったままの状態だとしたらどうなるでしょう。当然のようにその緩んだ気持ちの中に食べ物が流れ込むことになります。ダイエット終了後はまだダイエット期間の余韻が心に残っているので、「恐る恐る食べる」状態が残っています。「今日はこれくらいにしておこう」「これならいいだろう」など。

しかし、残念なことに人間は都合の良い生きものですから、だんだん緩んできます。ダイエットしているころの集中力は時間の経過とともに失われていきます。

そして心に眠っていた「ある意識」が都合良く覚醒します。その「ある意識」とは、「こんなに頑張った自分がリバウンドするはずがない」という根拠のない言い訳です。こうして少しずつダイエットする前の状態に向かっていきます。音もなく静かに進行していきます。そしてある夜、調子に乗って食べすぎます。どうしても断れない接待が入ったとか、断ってはいけないお客様から締めのラーメンに誘われたとか言い訳しながら。すると翌朝、増えた体重を見るのが怖くなり体重計に乗るのを拒むようになります。こうした行動が徐々に増えて、気がつくとダイエットしていたころの意識がすっかりなくなっていた、というパターンがビジネスマンのリバウンドの常道です。

Ａ「何であれ、後ろめたさがある時は気持ちは逃げたくなりますね」

Ｆ「リバウンド撲滅の答えは簡単です。**「ホッとしない状態」を長く続けること**です。

ゴールの設定はもちろん行いますが、その後の最終ゴールをはるか先に設定しておくことです」

A「半年後に10キロ減！　等と決めてダイエットをスタートするとして、そしてそのずっと後のゴールも前もって決めておくのですね」

F「達成した後、10年後もその落とした体重をキープしている状態を作る等、長期のゴールも同時に明確に設定しておくのです。

これがあるかないかで意識も行動も全く変わります」

A「オリンピックのメダリストたちのインタビューを聞いていると、もう次のオリンピックのことを考えているのかと驚かされますね」

F「アスリートたちは常に目標の先に、もうひとつ先の目標を設定していますね。当然、表面に出ないところでもっと細かく目標を設定していることでしょう」

A「想定内でしたけど、ジャンプのレジェンド、葛西選手がピョンチャンオリンピックを終えた時のインタビューで、次のオリンピックについて触れた時はさすがに驚きました」

F「肉体的な自信はもちろん、そのブレない精神力は『すごい』の一言ですね。トップアスリートは燃え尽き症候群にならないための強靭な心の備えが、自然にあるいは鍛え上げた結果として備わっているということですね」

心理学の中には「**メタアウトカムの設定**」という表現がでてきます。単に目標の設定だけでなく、その先の目標の設定をしておくことで燃え尽き症候群になることを防ぎます。また目標を達成した後、どのようなワクワクする世界が広がるかを鮮明にイメージしておくことが勧められています。

基本的に人を動かすのは「感情」です。正しいかどうかよりも楽しいか楽しくないか、が大切です。ワクワクできる状態・内容を前もってどれだけ鮮明に描いておくかがカギとなります。楽しいビジョンの想定は強力な支えとなります。

今よりも10キロ痩せた自分が、フットワーク良く活躍している姿、久しぶりに会った友達に「やせたね！」と驚かれている姿、別人のように大人の雰囲気を漂わせてスマートな食事を楽しんでいる姿、スリムな服を着こなして颯爽と歩いている姿、羨望の眼差しで後輩から見られている自分、仕事でフットワークよく動き回り、どんどん成果を出しているかっこいい自分等、何でもよいのでイメージを強烈に描いておくことです。

10年間、こうしたダイエット意識を持ち続けていれば「思い」が自分の潜在意識に沈殿します。**いつでも頭の片隅に小さなダイエット意識と軽い危機感、そしてワクワクするビジョンが備わっていれば、自動制御装置のように常に自分のリバウンドしそうな行動を監視してくれます。**食べすぎた後は運動する、歩いて帰る、体重計に乗り続けることで自然に食事を八分目以下に抑える習慣がつく、有意義と感じない飲み会には足が遠のく、等など。

A「リバウンドしないダイエットというのは、先のゴールに向けてずっと小さな緊張感と行動を持続し続けることなんですね」

F「短期的なゴールを迎えた後は、その体重をキープするためにも毎朝一番で体重を測り続ける＝定点観測し続 けることがまず必要です」

A「とりあえず目先の目標達成＝体重を落とすために食事は昼六〜七分目、夜八分目を目安に頑張ってきましたが」

F「短期的ゴールを達成した後、水平飛行＝落とした体重のキープを理想とするのであれば、昼食八分目、夜の食事も八分目のイメージで続けてみてはいかがでしょう」

A「定点観測を続けていると、食事の量やメニューの違いで体重の増減が自分でもわかるようになってくるので、微調整していけばよいのですね」

F「毎日の体重の増減を意識していれば大きく軌道から外れることはありません。後は、満腹を極力避ける、OOS（お代り、大盛り、シメ）の管理などお伝えしてきたことの反復です」

A「難しく考えなくてもダイエットができる気がしてきました」

F「どんな方法であれ、自分に合ったもので効果が出れば問題ないですが、日常生活を普通にこなしている健康体であれば、特別なことをしなくても痩せることはできるはずです」

A「人は楽を求める生き物…この言葉は肝に銘じておきます」

F「ダイエットにおいても自分の力で考えたり、行動する以前にお金をかけて短絡的に専門のビジネスに乗ってしまう考え方も『楽をしようとする意識』そのものかもしれません。

体重増加にもリバウンドにも、この『楽をしたい自分』が深く関わってい

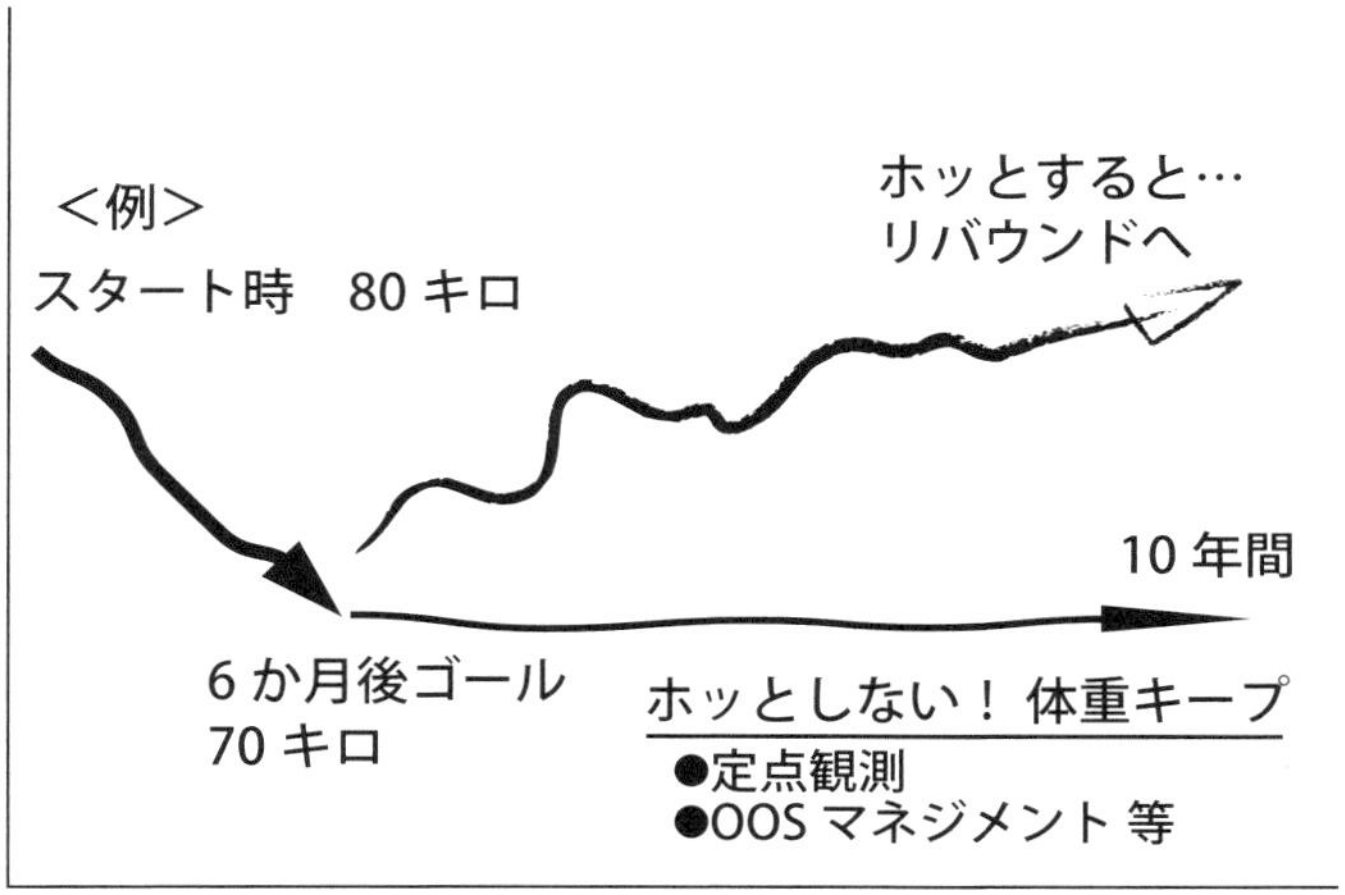

ると心に刻んでおいてください」

A「最後にひとつ確認ですが……、10年先の目標が近づいたらどうすればよいのでしょう」

F「10年もすれば、かなり習い性になっているとは思いますが、長期的なゴールがやってくる前に、また先々の目標設定を行っておくことです。その繰り返しを忘れなければ、体重のコントロールをし続けることができるはずです」

まとめ

経営者の仲間と話しているとはっきりと口に出さなくても、肥満傾向の人は採用の時点でまず損をしていると感じることが多いものです。平均年齢30歳代のベンチャー企業での話です。社長はじめ幹部も若手も皆はつらつとした印象の組織です。経理担当を中途採用する際、他の役員たちが概ねこの人物でよいと考えた結果を社長に打診した時、彼はこう言いました。「みんな、本当に彼を仲間だと思えるのか？　俺は彼と一緒に仕事したいとは思えない」その一言で却下です。人柄も能力もＯＫでしたが、かなり肥満傾向の方でした。

駅の長い階段を歩いて上る人たちを見かけることがあるでしょうか。「よくこんな長い階段を歩いて上る気になるよなあ」などと感心していませんか？　ほとんどの場合、その行動は意図的に行われていると思っていいでしょう。エスカレーターの行列に並ぶのが面倒なのではなく、また階段がたまたま目の前にあったから使っているのでもありません。意識して階段を使っている人たちです。

運動不足解消を目的に歩数を稼いでいる人もいるでしょうし、ダイエット中の方もいると思います。女性でも歩いて上がる人を少なからず見かけますが、目につくのはほとんどが太っていない人たちであるということです。スマートな人たちだから歩いて上るのが苦にならないのではなく、スマートな人たちがスマートであるために、あるいはもっとスマートになるために歩くことを意図的にやっていると考えるべきです。スマートな人たちは日常生活の中できちんと運動を確保し、体重に影響を与える足し算・引き算の要素を取り入れているということです。

私も自分の足を使って動くことが苦になりません。休日に子供を連れて長時間のウオーキングをすることもあります。子供が5歳の頃、六本木のミッドタウンから中央区の自宅まで歩いて帰ろうとしたこともあります。この時はさすがに子供が日比谷辺りでギブアップしましたが（笑）。会食で食べすぎた後は自宅まで歩くことでカロリーを減らす、という発想もこうしたところからきています。

人は便利や楽を求め続ける生き物ではありますが、体を使って面倒なこと、非合理的なことを「習い性」のように取り組める意識を磨き上げることだってできます。足を使うこと自体を、呼吸をするかのように自然体で楽しめるようになることはダイエットとか言う以前に、自分の体にとって大切な「人生戦略」となるのではないでしょうか。

そして、人類は「言葉」を駆使して発展してきました。仲間と協力して狩りをする、危険を伝えあう、冬の備えをする、火を効果的に使う等、生き残るための重要な武器が言葉というコミュニケーションツールでした。人間は今も昔も、他人との円滑なコミュニケーションを通して社会を作ったり、自分の意図する方向へ向けて協力者を増やしたりしています。人はもっと言葉を有効活用できるのではないかということが、ビジネスマネジメント・ダイエットのもう一つのメッセージでもあるのです。

「プラシーボ効果」は広く知られているところです。ビタミン剤をその症状によく効く薬だと信じこませて飲ませれば実際に病状が良くなったりする効果のことをいいます。それが事実でなくてもそのように信じる、思い込ませることで効果が上がる暗示も、まずは「言葉」というツールがあってこそ、なのです。言葉という道具はうまく使いこなすことでもっと自分をコントロールすることができますし、もっと他人の協力を得ることもできるはずです。

つまり、**ビジネスマネジメント・ダイエットとは「自ら発する言葉の武器化」であり、言葉のマネジメントそのものでもあるのです。**「我が足よ、今日から面倒がらずにどんどん動け！」と命令してもすぐにはなかなか言うことを聞いてくれないかもしれませんが、毎日、足に向かって命令したり、紙に書いたり、声で聞かせたりしているうちに「そこまで言うのなら動きますよ」という状態に少しずつですが、なっていきます。これが習慣に向けた第一歩となります。言葉がなければ命令すらできないのです。潜在意識に到達させて自分を変えて行くきっかけを言葉が作ってくれるのです。

日常生活において何気なく使っているこの「言葉」というものにはいろんな可能性があって、人に勇気や希望を与えることもできるし、感動・喜びを創造することもできます。もちろん、人を傷つけることも悲しませることもできてしまいます。言葉の持つポテンシャルというものを強く意識してプラスの方向に活用することができるはずです。

言葉の持つ力に着目して、まずは自分の体に変革を起こす、長年のテーマであったダイエットを成功させて感動を味わってください。そして自分を褒めてあげてください。


私はこれを人生最後のダイエットにしよう、必ず成功させると決意した時、その時の思いやノウハウを著わそうと思いました。

本にして読んでもらうためにはまず発想を変える必要があります。そして結果を必ず出す必要があります。結果に対するコミットの強さが違ってきます。そしてダイエット全体を俯瞰する意識がでてきます。

日々のダイエットにおける経験や気づきを伝えようという意識が根底にあると、常に朝から晩までのダイエットに関する自分の行動が客観視されますし、言語化されていきます。「本にして伝えようと決める」という、たったこれだけの簡単な仕組みが知恵を生み、行動を促してくれたのです。本にしたいという発想がダイエット成功の大きな極意ともなったのです。

ビジネスマネジメント・ダイエットとは「自分の心」と素直に向き合うことから始まります。そして自分の心に響く言葉＝キーワードを見つけること、そしてそこから感じられるメッセージを素直に受け止めることでもあります。そして、その声に従って行動に移すことが日々の結果を作っていきます。そういう意味で「大人のマネジメント」そのものなのです。

このビジネスマネジメント・ダイエットはコスト的にも心理的にも負担を極力かけないで「自分自身に革命を起こす」具体策としてお話ししてきました。目指すもの、内なる声を素直に取り入れる習慣を身につけることで、ダイエットだけでなく様々な応用ができるはずです。ぜひ今日から思いを定め、言葉を導き、行動につなげて「結果」に向けた大きな一歩を踏み出していただければ幸いです。

あとがき

稚拙な文章に最後までお付き合いいただきありがとうございました。

書籍の構想から発行まで時間を要してしまいましたが、ご参考いただけましたら幸いです。

時代はさらに便利な時代へと加速していきます。運動不足やストレスによる体重増加の誘惑はさらに増えてくると思います。ダイエットを楽しみながらマネジメント力も身につけて、心身ともに切れ味鋭い生活を通してご活躍されることを祈念致しております。

マネジメント発想の切り口でダイエットを紐解いてきましたが、本業は営業マネジメント力向上で成果に繋げる研修の主宰です。売上をつくる仕組み作り、キーマンを自社のファンにする魅力戦略・組織戦略にご関心がございましたらお気軽にお問合せください。

【著者プロフィール】

㈱研秀舎代表取締役、QM－East代表　藤原格（ふじわら　いたる）

大学卒業後、千曲不動産㈱（現スターツコーポレーション）入社、海外現地法人などを歴任。帰国後、営業の必勝の方程式を構築し業績向上を実現する感動と喜びの経営革命の開祖、㈱クオリティマネジメント（ＱＭグループ）との出会いにより以後23年間、社長のためのセールス革命、感動工房短期大学などの企業研修等に携わる。営業成績向上、お客様をファン化する組織の企業文化構築がミッション。現在「セールス革命・ＳＬ戦略会議」研修の他、講演・セミナーなどを精力的に行っている。

ダイエットを成功させたい経営者・幹部のためのセミナーや仕組みを準備中。

【書籍出版記念　期間限定無料相談】

独自のマネジメント発想・戦略で営業の仕組みを作る実践研修や講演・セミナーを主宰、また小組織の経営者の戦略アドバイザーとしても活動しています。

〈講演・セミナーテーマ〉

◎社内に眠る無限の資産活用！　知恵の金脈掘り起こし実践講座

◎お客様をファンにする感動創造部育成

◎成果を叩き出す！　社長のためのセールス革命戦略

◎10年間絶対リバウンドしない！　ビジネスマネジメント・ダイエット

『お客様に選ばれる独自の企業文化を磨きたい』『業績を向上させる発想と仕組みを持ちたい』『組織を活性化したい』『新人・中堅営業に自信を持たせたい』等のお悩みがありましたら、お気軽にご相談ください。

メールでお問い合わせの場合は、業種、企業名、所在地、担当者氏名、お役職、電話番号も明記ください。

お問い合わせはこちらへ→support @ qmeast.jp

《本書内容、講演、セミナー等の問い合わせ》

東京都千代田区六番町６—４　ＬＨ番町スクエア６Ｆ　QM - East　まで

☎０３（４５８２）３５１９

平成出版について

本書を発行した平成出版は、基本的な出版ポリシーとして、自分の主張を知ってもらいたい人々、世の中の新しい動きに注目する人々、起業家や新ジャンルに挑戦する経営者、専門家、クリエイターの皆さまの味方でありたいと願っています。

代表・須田早は、あらゆる出版に関する職務（編集、営業、広告、総務、財務、印刷管理、経営、ライター、フリー編集者、カメラマン、プロデューサーなど）を経験してきました。そして、従来の出版の殻を打ち破ることが、未来の日本の繁栄につながると信じています。

志のある人を、広く世の中に知らしめるように、商業出版として新しい出版方式を実践しつつ「読者が求める本」を提供していきます。出版について、知りたい事やわからない事がありましたら、お気軽にメールをお寄せください。

book@syuppan.jp　平成出版　編集部一同

——10年間絶対にリバウンドしない——
ビジネスマジメント ダイエット

令和元年（2019）　5月18日　第一刷発行

著　者　藤原 格（ふじわら・いたる）
発行人　須田　早
発　行　平成出版 株式会社
〒104-0001　東京都中央区銀座7-13-5 NRGE銀座ビル１階
経営サポート部／東京都港区赤坂８丁目
TEL　03-3408-8300　FAX 03-3746-1588
平成出版ホームページ　http://www.syuppan.jp
「スマホ文庫」ホームページ http://www.smaho.co.jp
メール：book@syuppan.jp

発　売　株式会社 星雲社
〒112-0005　東京都文京区水道1-3-30
TEL 03-3868-3275（ご注文用）　FAX 03-3868-6588

編集協力／安田京祐、近藤里実
本文DTP／具志堅芳子（ぽん工房）
本文イラスト／poosan、アクア、マイザ／PIXTA
印刷／（株）ウイル・コーポレーション